KB039756

해외 투자를 처음 시작하는 왕초보를 위한

불곰의 미국 주식 180선

해외 투자를
처음 시작하는
왕초보를 위한

불곰의 미국 주식 180선

불곰·김지훈·이상언·박종관·박선목 지음

포레스트북스

일러두기

●●●● 야후 종목탐색기의 11가지 산업분류를 이용하여 종목을 선정하되, 시가총액이 큰 기업을 중심으로 정리했다. 시가총액이 큰 기업일수록 재무구조가 안정적일 가능성이 크기 때문이다. 미국 기업은 시가총액이 커도 성장과 혁신을 추구하면서 매출과 이익성장률을 지속적으로 높이는 경우가 많다. 기업의 성장성을 확인할 수 있도록 최근 5년간의 영업이익과 전년 대비 분기 성장률을 그래프로 표시했다.

●●●● 구루포커스닷컴(gurufocus.com)의 자료를 참고하여 과거 10년 평균 투자수익률이 10% 이상인 주요 투자 대가들을 찾아냈고, 불곰의 추천 종목에 투자한 대가가 있을 경우 그 이름을 함께 표시했다. 대표적인 투자 대가와 기관은 다음과 같다.

› 워런 버핏(Warren Buffett)
투자회사 버크셔 해서웨이(Berkshire Hathaway)의 CEO. '투자의 귀재'로 불리는 가치투자가
• 운용 자산: 2,024억 달러
• 10년 평균 수익률: 10.80%

› 데이비드 테퍼(David Tepper)
헤지펀드 아팔루사 매니지먼트(Appaloosa Management)의 설립자이자 CEO. 억만장자 사업가로 유명한 펀드 매니저
• 운용 자산: 58억 달러
• 10년 평균 수익률: 20.10%

› 론 바론(Ron Baron)
바론 캐피털(BaronCapital)의 CEO. 뮤추얼펀드 매니저이자 투자가
• 운용 자산: 277억 달러
• 10년 평균 수익률: 16.1%

★ ★

> 세스 클라먼(Seth Klarman)

바우포스트 그룹(Baupost Group LLC)의 최고경영자. 억만장자 투자가, 헤지펀드 매니저이자 작가

- 운용 자산: 80억 달러
- 10년 평균 수익률: 12.80%

> 파나수스 인데버 펀드(Parnassus Endeavor Fund)

제롬 도슨(Jerome Dodson)이 운영하는 파나수스 인베스트먼트(Parnassus Investments)의 펀드

- 운용 자산: 26억 달러
- 10년 평균 수익률: 13.80%

●●●● 2020년 6월 30일 야후 파이낸스 데이터를 기준으로 하였다. 영업이익과 분기 성장률을
보여주는 그래프의 출처는 매크로트렌즈(macrotrends.net)이고, 주가 차트의 출처는 야후 파이
낸스(finance.yahoo.com)이다.

●●●● 환율은 다음과 같이 적용하였다.

- 미국 달러: 1USD = 1,000원
- 캐나다 달러: 1CAD = 800원
- 일본 엔: 1JPY = 10원
- EU 유로: 1EUR = 1,300원
- 중국 위안: 1CNY = 170원
- 타이완 신타이완달러: 1TWD = 40원
- 브라질 레알: 1 BRL = 200원
- 멕시코 페소: 1MXN = 50원
- 영국 파운드: 1GBP = 1,500원
- 덴마크 덴마크크로네: 1DKK = 180원
- 스웨덴 스웨덴크로나: SEK = 130원

'미국 주식시장'이라는
바다를 위한 지도

바다를 항해하기 위해서는 지도가 필요하다.

『불곰의 미국 주식 따라 하기』는 해외 주식에 처음 투자하는 초보자들을 위한 안내서로, 그중에서도 미국 주식시장에 투자할 때 반드시 알아야 하는 정보 분석 방법, 종목 발굴 방법을 담았다. 한마디로, 미국 주식시장이라는 바다를 항해하는 데 필수적인 기술이다. 그런데 항해술이 아무리 뛰어나도 방향이 올바르지 않다면, 항해의 목표를 이룰 수도 없고 육지를 찾아갈 수도 없다. 망망대해에는 이정표도 없고 여기가 어디쯤인지를 알려주는 랜드마크도 없다. 그저 해와 별자리를 보며 나아간다면, 완전히 엉뚱한 곳만 헤매다가 표류할 가능성이 크다. 그래서 이 지도를 마련한 것이다.

이 항해의 목표는 큰 물고기를 잡는 것, 즉 큰 투자수익을 거두는 것이다. 미국 주식시장은 너무 큰 바다여서, 큰 물고기도 많지만 '영양가 없는' 물고기도 많다. 기껏 잡아봐야 먹지도 못하는 물고기를 피해 한 마리만 잡아도 경매에서 최고가를 기록할 물고기를 잡아야 한다. 이 지도에는 우리가 잡아야 하는 물고기들의 특성이 기록되어 있다. 나머지 물고기는 아무리 떼로 몰려와도 쳐다볼 필요조차 없다.

* *

주식투자를 할 때는 가장 먼저 그 시장을 구성하는 산업군과 각 산업군에 포함되는 종목들을 파악해야 한다. 그런 다음에는 각 종목의 과거 실적 추이를 검토해야 한다. 주식투자의 성과는 기업의 실적이 좌우하기 때문에 절대 생략해서는 안 되는 가장 기본적인 단계다. 이 책이 바로 그렇게 구성되어 있다.

먼저 야후 파이낸스 종목탐색기의 11개 산업군 분류를 따라 각 섹터에서 시가총액이 큰 종목을 중심으로 선정하였다. 시가총액이 큰 주식이라고 해서 매출성장률/이익성장률이 정체되지는 않기 때문에 주가 상승률도 낮지 않다. 관심 있는 산업군에 속한 종목들의 실적을 비교하면서 탐색해나간다면 수익률에 도움이 될 좋은 종목을 손쉽게 선택할 수 있을 것이다. 또한 시가총액이 100조 원 미만인 종목 중 성장 잠재력이 큰 종목도 포함시켰으며, 미국에 본사가 있는 기업을 중심으로 선정하였다.

이 책에서 제시한 개략적인 자료를 보고 관심 가는 종목을 발견했다면, 『불곰의 미국 주식 따라 하기』에서 월트 디즈니·테슬라·마이크로소프트를 예로 설명한 것처럼 더 깊이 분석해보기 바란다. 투자자의 상황

은 저마다 다르기 때문에 한 종목을 놓고도 다른 판단을 내릴 수 있다. 자신이 관심 있는 분야, 강점을 가진 분야에 따라 매기는 점수가 달라지기 때문이다. 투자 의사결정은 본인의 판단으로 해야 하는 이유가 이것이다.

　각 종목 페이지는 다음과 같은 정보를 담고 있다.

　첫째, 기업의 실적 추이다. 2020년 6월 30일 기준 주가와 시가총액을 기본으로 예상매출, 영업이익률, 부채비율, 예상배당수익률, 예상 PER를 표로 제시했다. 참고 자료로, 그 종목에 투자한 대가들이 있을 경우 이를 표시했다.

　둘째, 기업 개요다. 언제 설립됐고, 어떤 분야의 사업을 영위하고 있는지를 개략적으로 정리했으며 주목할 사항이 있는 경우 경쟁사 정보와 향후 전망 등도 다뤘다.

　셋째, 영업이익 성장률 그래프다. 이를 통해 과거 실적이 어떻게 변해왔는지를 시각적으로 확인할 수 있다. 회사의 영업이익이 성장하고 있는지, 성장하고 있다면 어떤 비율로 성장하는지 추이를 확인할 수 있는 좋은 지표가 될 것이다.

- 최근 12개월 기준 영업이익: 분기별로 집계한 것으로, 예를 들어 그래프에서 맨 마지막의 막대그래프(2020.3.31)는 2019년 4월 1일부터 2020년 3월 31일까지 4분기의 실적을 합계한 영업이익이다.
- 분기별 영업이익: 영업이익 추이를 확인할 수 있다.
- 전년 동분기 대비 성장률: 전년 동분기와 비교하여 영업이익이 얼마나 성장했는지를 보여준다.

앞으로도 불곰은 기업 발굴 노력을 지속하면서 이 지도를 업데이트할 계획이다. 당신의 해외 주식 투자에 이 지도가 도움이 되기를 바란다. 자, 이제 만선의 꿈을 안고 닻을 올리자.

01 기술 Technology

02 원자재 Basic Materials

03 경기소비재 Consumer Cyclical

04 금융 서비스 Financial Services

05 부동산 Real Estate

06 생활소비재 Consumer Defensive

07 헬스케어 Healthcare

08 유틸리티 Utilities

★ ★

⑨ 통신 서비스 Communication Services

★ ★

⑩ 에너지 Energy

⑪ 산업재 Industrials

01

기술

Technology

애플 Apple Inc.(AAPL)

➤ **주가**	393.43달러(393,430원)	➤ **시가총액**	1조 7,050억 달러(1,705조 원)
➤ **예상매출**	2,680억 달러(268조 원)	➤ **영업이익률**	25%
➤ **부채비율**	308%(2020년 3월)	➤ **예상배당수익률**	0.85%
➤ **예상PER**	31배	➤ **투자 대가**	워런 버핏, 론 바론, 파나수스

홈페이지: www.apple.com

1977년 미국 캘리포니아 쿠퍼티노에서 설립되어 세계 최고의 기술력과 세계에서 가장 가치 있는 브랜드를 가지고 있는 다국적 기술회사다. 핸드폰, 컴퓨터, 소프트웨어와 여러 온라인 서비스를 디자인, 제조, 판매한다. 주요 제품으로는 아이폰·매킨투시·아이팟·아이패드·애플워치 등이 있으며, 애플에서 제공하는 서비스로는 앱스토어·애플뮤직·애플스토어·애플북·아이클라우드(iCloud)·애플페이 등이 있다.

➤ **최근 12개월 기준 영업이익**

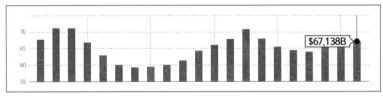

➤ **분기별 영업이익**

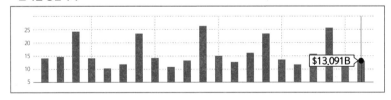

➤ **전년 동분기 대비 성장률**

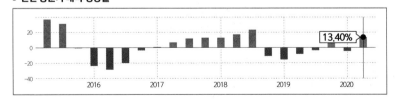

📊 마이크로소프트 Microsoft Corporation(MSFT)

➤ **주가**	211,60달러(211,600원)	➤ **시가총액**	1조 6,050억 달러(1,605조 원)
➤ **예상매출**	1,390억 달러(139조 원)	➤ **영업이익률**	37%
➤ **부채비율**	149%(2020년 3월)	➤ **예상배당수익률**	1.01%
➤ **예상PER**	35배	➤ **투자 대가**	데이비드 테퍼, 론 바론

홈페이지: www.microsoft.com

1975년 빌 게이츠와 폴 앨런이 창립했으며 미국 워싱턴주 레드먼드에 본사를 두고 있다. 세계 최대의 소프트웨어 기업으로, MS-DOS가 개인용 컴퓨터 운영체제(OS)로 채택되면서 급격히 성장했다. '마이크로소프트 오피스'라는 사무용 문서 소프트웨어를 개발하고, 1985년 '윈도(windows)'라는 새로운 운영체제를 개발하여 현재 전 세계 운영체제 시장을 독식하고 있다. 운영체제 분야만이 아니라 오피스 업계(MS 오피스)까지 섭렵한 데다가 마우스, 키보드 같은 하드웨어도 제조하고 있다. 애플, 아마존에 이어 역대 세 번째로 시가총액 1조 달러를 달성한 기업이다.

➤ 최근 12개월 기준 영업이익

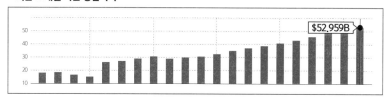

➤ 분기별 영업이익

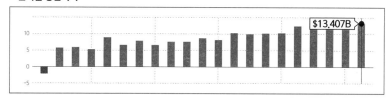

➤ 전년 동분기 대비 성장률

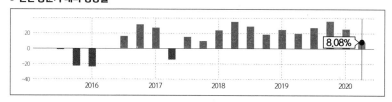

📶 TSMC Taiwan Semiconductor Manufacturing Company Limited(TSM)

▶ 주가	66.89달러(66,890원)	▶ 시가총액	3,250억 달러(325조 원)
▶ 예상매출	1조 2,000억 신타이완달러 (48조 원)	▶ 영업이익률	38%
▶ 부채비율	40%(2020년 3월)	▶ 예상배당수익률	4.21%
▶ 예상PER	30배	▶ 투자 대가	론 바론

홈페이지: www.tsmc.com

타이완 기업으로, 세계 최대 파운드리 업체다. 타 기업으로부터 설계도를 받아 반도체를 위탁 생산한다. 1987년 타이완 행정원 소속의 산업기술연구회에서 전액 출자한 국가 출자 기업이었으나, 1992년 민영화됐다. 시가총액이 약 235조 원으로 타이완 증시에서 가장 크다. 경쟁 상대로는 인텔과 삼성전자가 있고, 애플·퀄컴·삼성전자·VIA·NVIDIA·AMD 등이 주요 고객이다.

▶ 최근 12개월 기준 영업이익

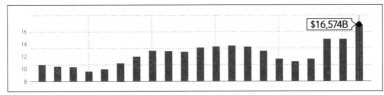

▶ 분기별 영업이익

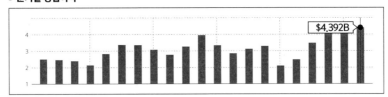

▶ 전년 동분기 대비 성장률

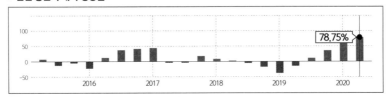

📊 엔비디아 NVIDIA Corporation(NVDA)

▶ 주가	420.43달러(420,430원)	▶ 시가총액	2,590억 달러(259조 원)
▶ 예상매출	120억 달러(12조 원)	▶ 영업이익률	29%
▶ 부채비율	42%(2020년 1월)	▶ 예상배당수익률	0.15%
▶ 예상PER	79배	▶ 투자 대가	론 바론

홈페이지: www.nvidia.com

1993년 미국에서 설립됐으며, 그래픽카드의 GPU 설계 회사로 시장점유율 1위 기업이다. 반도체 분야에서 매출 기준으로 세계 10위권의 포지션을 차지한다. 현재 자율주행 자동차 부분에서도 선두권으로 테슬라, 아우디, 벤츠, 볼보 등 대형 자동차회사에서 엔비디아의 드라이브 PX 연산 모듈을 사용하고 있다. 2019년 기준으로 전체 매출 중 비디오 게임 관련 제품의 비중이 절반 이상을 차지하고 있다. 대표적인 제품으로 지포스(Geforce) 시리즈가 있다. 경쟁 제품으로는 인텔의 내장 GPU와 AMD의 ATI 시리즈가 있다.

▶ 최근 12개월 기준 영업이익

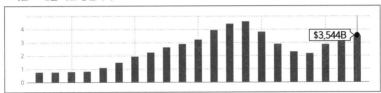

▶ 분기별 영업이익

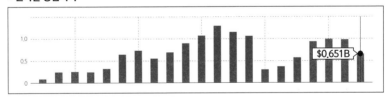

▶ 전년 동분기 대비 성장률

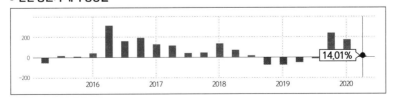

📈 인텔 Intel Corporation(INTC)

➤ 주가	61.15달러(61,150원)	**➤ 시가총액**	2,590억 달러(259조 원)
➤ 예상매출	760억 달러(76조 원)	**➤ 영업이익률**	34%
➤ 부채비율	93%(2020년 3월)	**➤ 예상배당수익률**	2.2%
➤ 예상PER	12배	**➤ 투자 대가**	파나수스

홈페이지: www.intel.com

1968년 미국에서 설립된 다국적 종합 반도체 회사다. 주요 제품으로 CPU와 컴퓨터 관련 칩셋·랜·서버·SSD 등이 있으며, 컴퓨터 전반에 걸친 제품군을 생산한다. 메모리 반도체와 비메모리 반도체 모두 잘 만드는 회사로, 잘 알려진 CPU 시리즈로는 펜티엄과 듀얼코어i 등이 있다. 반도체 매출액 세계 1위, 시장점유율 1위 기업이다. 삼성전자가 그 뒤를 따르고 있다.

➤ 최근 12개월 기준 영업이익

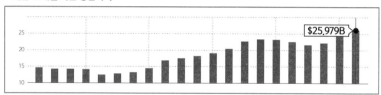

➤ 분기별 영업이익

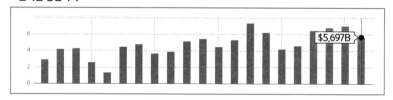

➤ 전년 동분기 대비 성장률

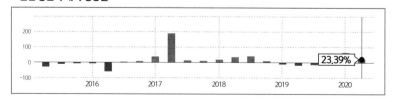

📊 어도비 Adobe Inc.(ADBE)

▶ **주가**	455.27달러(455,270원)	▶ **시가총액**	2,180억 달러(218조 원)
▶ **예상매출**	120억 달러(12조 원)	▶ **영업이익률**	31%
▶ **부채비율**	99%(2020년 5월)	▶ **예상배당수익률**	N/A
▶ **예상PER**	60배	▶ **투자 대가**	데이비드 테퍼, 론 바론

홈페이지: www.adobe.com

미국의 컴퓨터 소프트웨어 제작 업체로 찰스 게스케와 존 워녹이 1982년에 설립했다. 애플 컴퓨터를 위한 프린터 출력언어인 포스트스크립트 기술로 시작하여 그래픽 프로그램 관련 소프트웨어 1위 기업이 됐다. 대표적인 프로그램으로 포토샵, 아크로뱃, 일러스트레이터, 프리미어 등이 있다. 2013년 패키지로 판매하던 소프트웨어를 월 구독료 형태의 클라우드 서비스로 변경하면서 시장점유율을 더욱 끌어올렸다.

▶ 최근 12개월 기준 영업이익

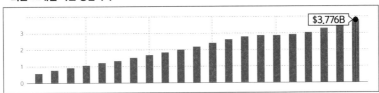

▶ 분기별 영업이익

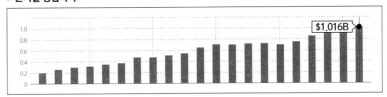

▶ 전년 동분기 대비 성장률

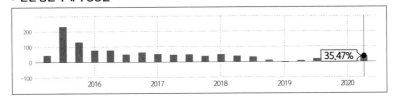

📈 시스코 시스템즈 Cisco Systems, Inc.(CSCO)

➤ 주가	46.97달러(46,970원)	➤ 시가총액	1,980억 달러(198조 원)
➤ 예상매출	510억 달러(51조 원)	➤ 영업이익률	29%
➤ 부채비율	156%(2020년 4월)	➤ 예상배당수익률	3.08%
➤ 예상PER	19배	➤ 투자 대가	파나수스

홈페이지: www.cisco.com

1984년 미국 샌프란시스코에서 설립됐으며 네트워크 장비를 생산하고 판매한다. 네트워크를 통해 인터넷을 가능하게 하는 시스템을 개발·보급했고, 서로 다른 컴퓨터를 하나의 네트워크로 연결하는 라우터(Router)를 개발하여 시장점유율 1위를 차지하고 있다. 라우터, 스위칭 허브 등이 대표적인 제품이다. 전 세계에 깔려 있는 네트워크 장비 중 약 40%가 시스코 장비라고 보면 된다.

➤ 최근 12개월 기준 영업이익

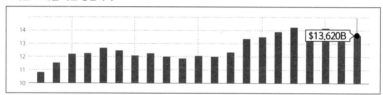

➤ 분기별 영업이익

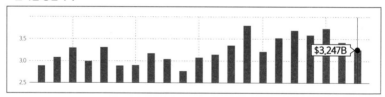

➤ 전년 동분기 대비 성장률

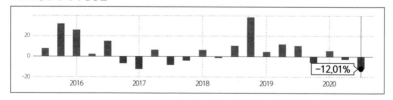

세일즈포스닷컴 salesforce.com, inc.(CRM)

▶ **주가**	195.09달러(195,090원)	▶ **시가총액**	1,760억 달러(176조 원)
▶ **예상매출**	180억 달러(18조 원)	▶ **영업이익률**	1%
▶ **부채비율**	55%(2020년 4월)	▶ **예상배당수익률**	0%
▶ **예상PER**	–	▶ **투자 대가**	데이비드 테퍼, 론 바론

홈페이지: www.salesforce.com

1999년 미국에서 설립됐으며 고객관리 소프트웨어 전문 기업이다. 어도비, 구글 등과 함께 통합 비즈니스 솔루션을 개발하고 영업 및 마케팅을 통합하는 애플리케이션을 론칭했다. 이 분야에서 시장점유율 16%의 1위 기업이다. 주로 미국과 유럽에서 판매하고 있다.

▶ **최근 12개월 기준 영업이익**

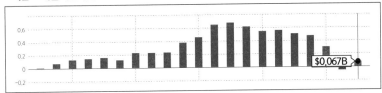

▶ **분기별 영업이익**

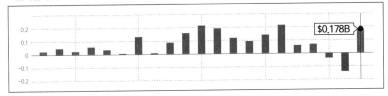

▶ **전년 동분기 대비 성장률**

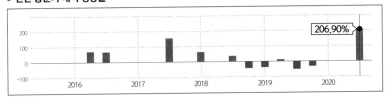

📊 SAP SAP SE(SAP)

➤ 주가	159.77달러(159,770원)	➤ 시가총액	1,860억 달러(186조 원)
➤ 예상매출	280억 유로(36조 원)	➤ 영업이익률	22%
➤ 부채비율	105%(2020년 3월)	➤ 예상배당수익률	1.07%
➤ 예상PER	39배		

홈페이지: www.sap.com

SAP(Systems, Applications, and Products in Data Processing)은 1972년 독일 바인하임에서 설립됐으며 업무용 애플리케이션 소프트웨어 전문 기업이다. 업무용 애플리케이션 소프트웨어 분야에서 시장점유율 세계 1위이며, IBM·마이크로소프트 등과 같은 대기업에서도 사용하고 있다. SAP의 소프트웨어는 재무, 인사, 제조, 영업, 물류·유통, 설비 및 공사 관리 기능을 제공한다.

➤ 최근 12개월 기준 영업이익

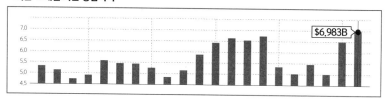

➤ 분기별 영업이익

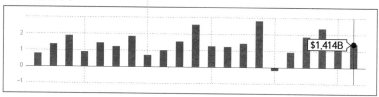

➤ 전년 동분기 대비 성장률

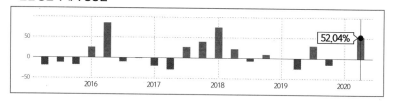

오라클 Oracle Corporation(ORCL)

▶ 주가	55.40달러(55,400원)	▶ 시가총액	1,700억 달러(170조 원)
▶ 예상매출	390억 달러(39조 원)	▶ 영업이익률	36%
▶ 부채비율	808%(2020년 5월)	▶ 예상배당수익률	1.75%
▶ 예상PER	18배		

홈페이지: www.oracle.com

1977년에 설립됐으며 데이터베이스 관리 시스템인 오라클 DBMS(DataBase Management System)를 개발·판매한다. 전 세계에서 가장 큰 데이터베이스 관리 회사로 시장점유율 1위다. 정부 기관이나 은행 등 대다수의 대기업에서 오라클 제품이 사용되고 있으며, 공개할 수 없는 데이터베이스를 써야 하는 곳에 구축한다.

▶ **최근 12개월 기준 영업이익**

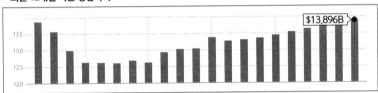

▶ **분기별 영업이익**

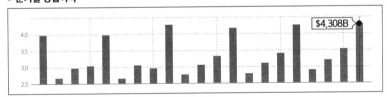

▶ **전년 동분기 대비 성장률**

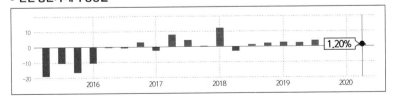

〰️📊 ASML 홀딩스 ASML Holding N.V.(ASML)

➤ **주가**	383.82달러(383,820원)	➤ **시가총액**	1,580억 달러(158조 원)
➤ **예상매출**	127억 유로(16조 원)	➤ **영업이익률**	26%
➤ **부채비율**	91%(2020년 6월)	➤ **예상배당수익률**	0.74%
➤ **예상PER**	57배	➤ **투자 대가**	론 바론

홈페이지: www.asml.com

네덜란드 대기업 ASMI와 필립스의 합작으로 설립됐으며, 세계 최대의 노광 장비 생산 기업이다. n나노대의 반도체 생산을 위해 필요한 EUV(극자외선) 노광 장비는 전 세계에서 ASML만이 제작할 수 있다. 1대당 가격이 1,400억 원이 넘는 초고가여서 삼성전자, TSMC만이 고객사로 등록돼 있을 정도다.

➤ **최근 12개월 기준 영업이익**

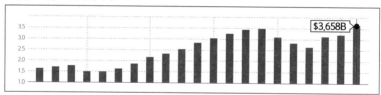

➤ **분기별 영업이익**

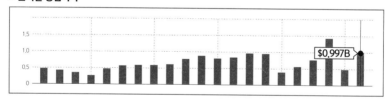

➤ **전년 동분기 대비 성장률**

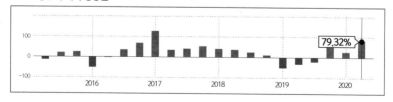

📊 액센츄어 Accenture PLC(ACN)

➤ **주가**	223.43달러(223,430원)	➤ **시가총액**	1,420억 달러(142조 원)
➤ **예상매출**	450억 달러(45조 원)	➤ **영업이익률**	15%
➤ **부채비율**	113%(2020년 5월)	➤ **예상배당수익률**	1.44%
➤ **예상PER**	29배	➤ **투자 대가**	론 바론

홈페이지: accenture.com

1913년에 설립된 미국 회계법인 아서앤더슨의 기업 컨설팅 부서였던 앤더슨 컨설팅이 1989년에 분사해 시작한 기업이다. 2000년 완전 독립하면서 회사명을 액센츄어로 변경했다. 기업 컨설팅이 주요 사업으로 기술, 경영전략, 컨설팅, 디지털 사업, 아웃소싱, IT 서비스, 보안 등의 전문화된 비즈니스 솔루션을 제공하고 있다. 주요 고객사로 메리어트 인터내셔널, 유니레버, 삼성전자, 현대중공업, SAP 등이 있다.

➤ **최근 12개월 기준 영업이익**

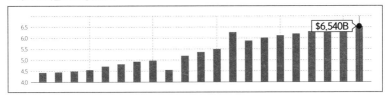

➤ **분기별 영업이익**

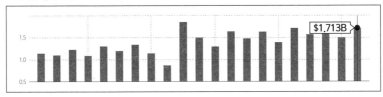

➤ **전년 동분기 대비 성장률**

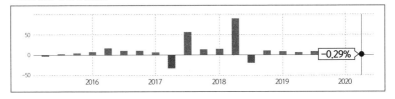

브로드컴 Broadcom Inc.(AVGO)

▶ 주가	317.13달러(317,130원)	▶ 시가총액	1,280억 달러(128조 원)
▶ 예상매출	230억 달러(23조 원)	▶ 영업이익률	17%
▶ 부채비율	240%(2020년 4월)	▶ 예상배당수익률	4.16%
▶ 예상PER	57배	▶ 투자 대가	데이비드 테퍼

홈페이지: www.broadcom.com

1991년에 설립됐으며, 광대역 통신용 집적회로를 판매하는 미국의 반도체 기업이다. 주 사업은 전자제품 및 스마트폰 기업에 IC칩을 OEM 공급하는 것이다. 주요 제품은 유무선 통신칩(Wi-Fi)이며 블루투스, RF의 송수신기도 생산한다. 인터넷 공유기에도 브로드컴의 칩셋이 들어간다. 전 세계 반도체 기업 중 5위이며, 퀄컴과 함께 네트워크 시스템 반도체 시장을 이끌고 있다. 주요 고객사는 삼성과 애플 등 스마트폰 제조사다.

▶ 최근 12개월 기준 영업이익

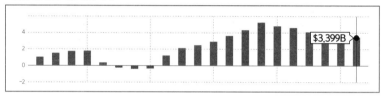

▶ 분기별 영업이익

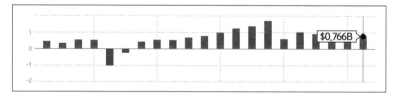

▶ 전년 동분기 대비 성장률

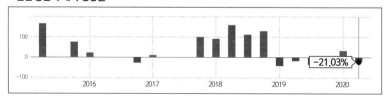

📊 쇼피파이 Shopify Inc.(SHOP)

➤ 주가	1,010.22달러(1,010,220원)	➤ 시가총액	1,210억 달러(121조 원)
➤ 예상매출	20억 달러(2조 원)	➤ 영업이익률	-9.78%
➤ 부채비율	14%(2020년 3월)	➤ 예상배당수익률	N/A
➤ 예상PER	N/A	➤ 투자 대가	론 바론

홈페이지: www.shopify.com

2006년 캐나다에서 설립된 온라인 쇼핑몰 플랫폼 서비스 회사다. 국내의 카페24, 네이버 스마트스토어와 비슷한 개념의 플랫폼 서비스로 쇼핑몰 운영에 필요한 모든 기능을 제공한다. 현재 175개국 80만이 넘는 개인 및 기업 고객을 회원으로 두고 있다. 판매자 위주의 쇼핑몰을 쉽고 편하게 구축할 수 있으며, 소셜미디어(페이스북, 인스타그램)와 연계가 가능한 확장성으로 쇼피파이를 이용하는 인플루언서가 증가하고 있다. 대기업을 위한 서비스도 있는데 구글, 테슬라, GE, P&G 등이 사용하고 있다.

➤ 최근 12개월 기준 영업이익

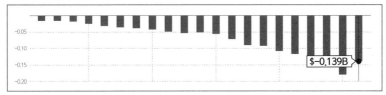

➤ 분기별 영업이익

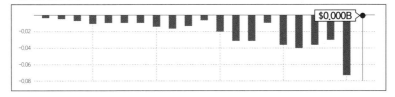

➤ 전년 동분기 대비 성장률

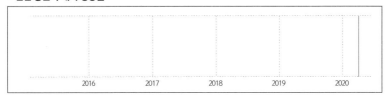

ᴍ 텍사스 인스트루먼츠 Texas Instruments Incorporated(TXN)

❯ 주가	136.58달러(136,580원)	❯ 시가총액	1,250억 달러(125조 원)
❯ 예상매출	140억 달러(14조 원)	❯ 영업이익률	39%
❯ 부채비율	123%(2020년 3월)	❯ 예상배당수익률	2.69%
❯ 예상PER	26배	❯ 투자 대가	론 바론

홈페이지: www.ti.com

1947년에 설립된 미국 회사로 아날로그칩, 집적회로, 디지털신호처리기(DSP), 무선정보 인식장치(RFID), 계산기 등을 생산하는 기업이다. 1950년대 세계 최초로 집적회로(IC)를 개발하면서부터 반도체 사업을 시작하여 매출액 기준 세계 10위권 반도체 기업 중 하나가 됐다. 아날로그 반도체와 임베디드 프로세서 개발에 주력하고 있으며, 공학용 계산기로도 유명하다.

❯ 최근 12개월 기준 영업이익

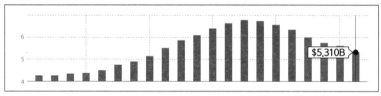

❯ 분기별 영업이익

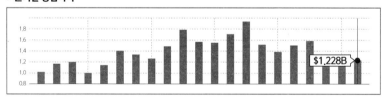

❯ 전년 동분기 대비 성장률

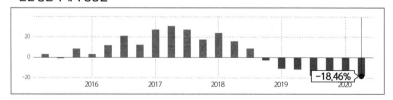

📈 퀄컴 QUALCOMM Incorporated(QCOM)

➤ **주가**	93.17달러(93,170원)	➤ **시가총액**	1,050억 달러(105조 원)
➤ **예상매출**	250억 달러(25조 원)	➤ **영업이익률**	34%
➤ **부채비율**	949%(2020년 3월)	➤ **예상배당수익률**	2.82%
➤ **예상PER**	27배	➤ **투자 대가**	론 바론, 파나수스

홈페이지: www.qualcomm.com

1985년 통신 전문가 7명이 설립한 미국 회사로 이동통신 기술인 CDMA를 개발한 통신 장비 업체. LTE 기술표준을 개발하여 특허를 가지고 있다. 현재 전 세계에서 사용되는 스마트폰에 퀄컴의 칩셋, 프로세서 등이 탑재돼 있다. 통합칩셋 중 CPU 성능이 가장 우수하며, 특히 스냅드래곤이 유명하다. 주요 수입원은 무선 기술 라이선스와 CDMA용 주문형 반도체 판매다. 삼성전자, LG전자, 애플, 화웨이 등에서 사용하고 있다.

➤ **최근 12개월 기준 영업이익**

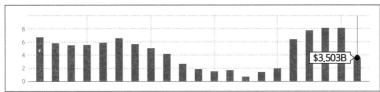

➤ **분기별 영업이익**

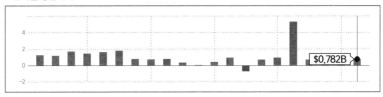

➤ **전년 동분기 대비 성장률**

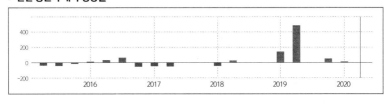

𝖨𝖡𝖬 International Business Machines Corporation(IBM)

➤ 주가	126.37달러(126,370원)	➤ 시가총액	1,120억 달러(112조 원)
➤ 예상매출	770억 달러(77조 원)	➤ 영업이익률	13%
➤ 부채비율	662%(2020년 3월)	➤ 예상배당수익률	5.21%
➤ 예상PER	13배	➤ 투자 대가	파나수스

홈페이지: www.ibm.com

컴퓨터 분야 기술을 선도하는 기업으로 애플과 함께 개인용 PC 시장을 주도했던 회사다. 현재는 중대형 컴퓨터 개발과 IT 솔루션 개발 및 구축 등 IT 서비스, 대형 서버 판매 사업을 영위하고 있다. 씽크패드(Thinkpad)라는 브랜드로 유명하다. IBM 개인용 PC가 등장하면서 덕을 본 기업은 MS-DOS를 개발한 마이크로소프트와 CPU를 개발한 인텔이다. IBM 호환PC가 증가하면서 PC사업부는 2005년 중국 레노버에 매각했다.

➤ 최근 12개월 기준 영업이익

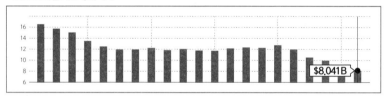

➤ 분기별 영업이익

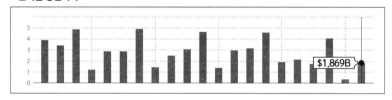

➤ 전년 동분기 대비 성장률

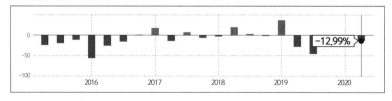

키엔스 Keyence Corporation(KYCCF)

▸ **주가**	416.50달러(416,500원)	▸ **시가총액**	1,010억 달러(101조 원)
▸ **예상매출**	5,518억 엔(5조 5,000억 원)	▸ **영업이익률**	36%
▸ **부채비율**	4%(2020년 3월)	▸ **예상배당수익률**	0.22%
▸ **예상PER**	25배	▸ **투자 대가**	론 바론

홈페이지: www.keyence.com

일본 기업으로, 1974년에 설립된 전자기기 회사다. 오사카에 본사를 두고 있고 자동제어기기, 계측기기, 정보기기, 광학현미경, 전자현미경 등의 개발 및 제조 판매 사업을 영위한다. 주요 제품으로는 공장자동화용 각종 센서, 측정기기가 있다.

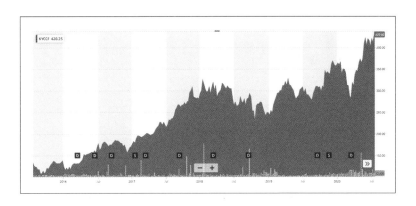

소니 Sony Corporation(SNE)

▶ 주가	78.18달러(78,180원)	▶ 시가총액	950억 달러(95조 원)
▶ 예상매출	8조 2,000억 엔(82조 원)	▶ 영업이익률	7%
▶ 부채비율	381%(2020년 3월)	▶ 예상배당수익률	0.6%
▶ 예상PER	16배	▶ 투자 대가	론 바론

홈페이지: www.sony.net

1946년 일본에서 설립된 다국적 기업으로 세계적인 전자제품 회사다. 시장을 선도했던 제품으로 휴대용 카세트 플레이어인 워크맨, 노트북(VAIO), TV, 캠코더, 카메라, 모니터, 게임기인 플레이스테이션(PlayStation) 등이 있다. 자회사로는 소니컴퓨터·소니뮤직·소니픽처스 등이 있고, 미국·멕시코·독일·프랑스·영국·이탈리아·필리핀·슬로바키아 등 세계 각지에 현지 법인을 두고 있다. 세계적인 시장점유율을 유지하고 있는 콘텐츠 기업이다.

▶ 최근 12개월 기준 영업이익

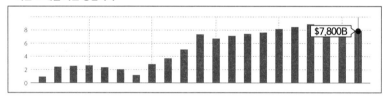

▶ 분기별 영업이익

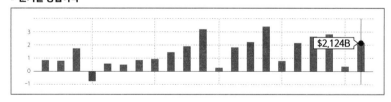

▶ 전년 동분기 대비 성장률

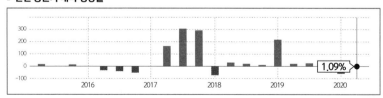

피델리티 Fidelity National Information Services, Inc.(FIS)

▶ 주가	141.55달러(141,550원)	**▶ 시가총액**	870억 달러(87조 원)
▶ 예상매출	110억 달러(11조 원)	**▶ 영업이익률**	15%
▶ 부채비율	68%(2020년 3월)	**▶ 예상배당수익률**	0.99%
▶ 예상PER	455배	**▶ 투자 대가**	론 바론

홈페이지: www.fisglobal.com

1948년에 설립됐으며 금융기술(FinTech) 개발로 유명한 기업이다. 금융 소프트웨어 개발 및 지원, POS 기술 및 디지털 채널을 통한 가맹점 지원 등 다양한 금융상품과 서비스를 제공한다. 전 세계적으로 약 5만 5,000명의 직원이 있다.

▶ 최근 12개월 기준 영업이익

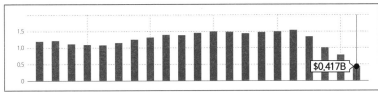

▶ 분기별 영업이익

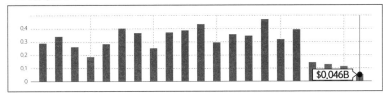

▶ 전년 동분기 대비 성장률

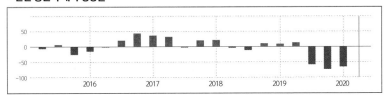

원자재

Basic Materials

📊 BHP 그룹 BHP Group(BHP)

▶ 주가	53.59달러(53,590원)	**▶ 시가총액**	1,330억 달러(133조 원)
▶ 예상매출	460억 달러(46조 원)	**▶ 영업이익률**	39%
▶ 부채비율	95%(2020년 12월)	**▶ 예상배당수익률**	4.83%
▶ 예상PER	14배		

홈페이지: www.bhp.com

세계 최대의 광산 기업으로, 2001년 호주 Broken Hill Proprietary와 영국의 Billiton이 합병하여 생긴 회사다. 호주 멜버른에 본사를 두고 있으며, 호주와 영국 시장에 모두 상장되어 있다. 취급하는 주요 광물은 철광석, 석탄, 석유, 구리, 천연가스, 니켈과 우라늄이다.

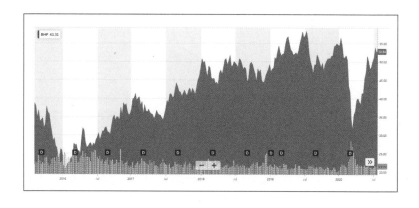

📈 린데 Linde PLC(LIN)

▶ 주가	240.32달러(240,320원)	▶ 시가총액	1,260억 달러(126조 원)
▶ 예상매출	280억 달러(28조 원)	▶ 영업이익률	13%
▶ 부채비율	79%(2020년 3월)	▶ 예상배당수익률	1.59%
▶ 예상PER	56배		

홈페이지: www.linde.com

1879년에 설립된 세계 최대의 화학회사로 2018년 독일의 LindeAG와 미국의 Praxair(구.
Linde Air Products Company)가 합병하여 Linde PLC가 됐다. 린데는 시장점유율
21%로 세계에서 가장 많은 산업용 가스를 생산하고 공급한다. 주요 제품으로 산소·질소·
아르곤·수소 및 일산화탄소를 포함한 산업용 가스, 의료용 가스, 특수 가스, 냉매 및 기타
화학 물질이 있다.

▶ **최근 12개월 기준 영업이익**

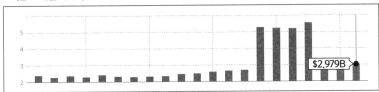

▶ **분기별 영업이익**

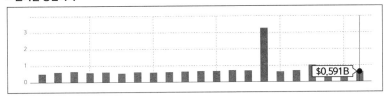

▶ **전년 동분기 대비 성장률**

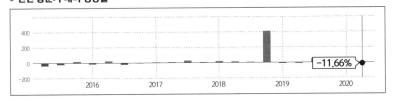

📈 리오 틴토 그룹 Rio Tinto Group(RIO)

▶주가	62.42달러(62,420원)	▶시가총액	1,040억 달러(104조 원)
▶예상매출	430억 달러(43조 원)	▶영업이익률	31%
▶부채비율	94%(2020년 12월)	▶예상배당수익률	6.15%
▶예상PER	13배		

홈페이지: www.riotinto.com

영국계 다국적 기업으로 BHP 그룹에 이어 세계에서 두 번째로 큰 광산 기업이다. 주로 철
광석, 알루미늄, 구리, 다이아몬드, 금, 우라늄 등을 생산한다. 1873년에 설립되어 영국과
호주에 상장되어 있고, 영국 지점의 미국 예탁주식은 뉴욕증권거래소에도 상장되어 있다.
본사는 호주 멜버른에 있다.

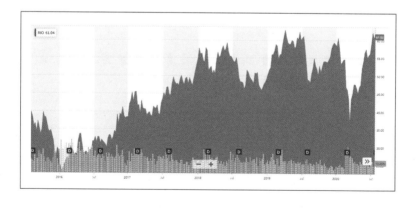

📊 에어 프로덕츠 앤드 케미컬스 Air Products and Chemicals, Inc.(APD)

➤ **주가**	290.87달러(290,870원)	➤ **시가총액**	640억 달러(64조 원)
➤ **예상매출**	90억 달러(9조 원)	➤ **영업이익률**	25%
➤ **부채비율**	66%(2020년 3월)	➤ **예상배당수익률**	1.82%
➤ **예상PER**	33배		

홈페이지: www.airproducts.com

1940년에 설립된 미국 회사로 산업용 가스 및 화학 제품을 생산, 판매한다. 전 세계의 기술, 에너지, 건강 관리, 식품 및 산업 시장에서 산소, 질소, 아르곤, 수소 및 이산화탄소 등의 산업가스와 공정 및 특수 가스 등을 고객에게 제공하고 있다. 또한 반도체 재료, 정유수소, 천연가스 액화 기술 및 장비, 에폭시 첨가제, 가스캐비닛, 고급 코팅 및 접착제를 생산한다. 수소연료 사업도 영위하고 있다. NASA에 우주왕복선 액체수소와 액체산소 연료를 공급했다.

➤ **최근 12개월 기준 영업이익**

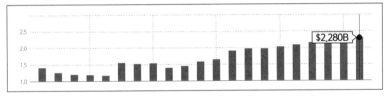

➤ **분기별 영업이익**

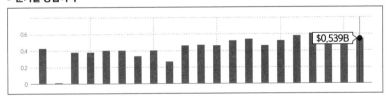

➤ **전년 동분기 대비 성장률**

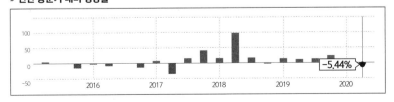

📈 이콜랩 Ecolab Inc.(ECL)

▶ **주가**	209.85달러(209,850원)	▶ **시가총액**	600억 달러(60조 원)
▶ **예상매출**	150억 달러(15조 원)	▶ **영업이익률**	16%
▶ **부채비율**	152%(2020년 3월)	▶ **예상배당수익률**	0.9%
▶ **예상PER**	40배		

홈페이지: www.ecolab.com

1923년에 설립됐으며 물, 위생 및 감염 예방 솔루션과 서비스를 식품, 의료, 숙박, 산업 시
장에 제공하는 글로벌 선도 기업이다. 170개 이상 국가, 약 300만 고객의 현장에서 식품안
전을 개선하고, 깨끗하고 안전한 환경을 유지하며 물과 에너지 사용을 치적하하는 솔루션
과 서비스를 제공하고 있다.

▶ **최근 12개월 기준 영업이익**

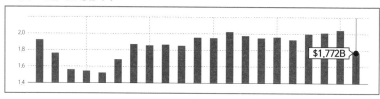

▶ **분기별 영업이익**

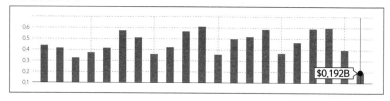

▶ **전년 동분기 대비 성장률**

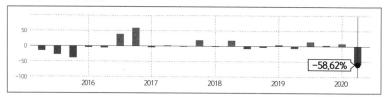

📊 발레 Vale S.A.(VALE)

▸ 주가	11.44달러(11,440원)	**▸ 시가총액**	590억 달러(59조 원)
▸ 예상매출	363억 헤알(7조 원)	**▸ 영업이익률**	36%
▸ 부채비율	154%(2020년 3월)	**▸ 예상배당수익률**	6.06%
▸ 예상PER	99배		

홈페이지: www.vale.com

금속과 광산 다국적 기업으로 브라질에서 가장 큰 물류회사 중 하나이며, 세계 최대의 철광석과 니켈 생산 업체다. 현재 9개의 수력발전소를 운영하고 있으며, 운송을 위한 철도·선박·항구 등도 운영하고 있다. 생산하는 주요 원자재로는 철광석, 니켈, 구리, 망간, 합금, 석탄 등이 있다.

➤ 최근 12개월 기준 영업이익

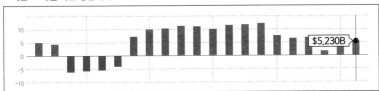

➤ 분기별 영업이익

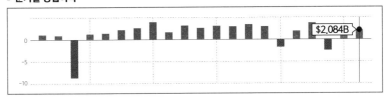

➤ 전년 동분기 대비 성장률

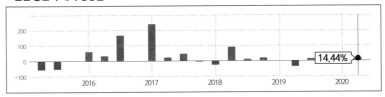

셔윈-윌리엄스 The Sherwin-Williams Company(SHW)

▶ 주가	608.08달러(608,080원)	▶ 시가총액	550억 달러(55조 원)
▶ 예상매출	180억 달러(18조 원)	▶ 영업이익률	14%
▶ 부채비율	525%(2020년 3월)	▶ 예상배당수익률	0.88%
▶ 예상PER	35배	▶ 투자 대가	론 바론

홈페이지: www.sherwin-williams.com

1866년 헨리 셔윈과 에드워드 윌리엄스가 설립한 일반 건축자재 산업 분야의 회사다. 주로 북미·남미·유럽의 도소매 고객에게 페인트, 코팅 및 관련 제품을 제조, 유통 및 판매한다. 더치보이, 크릴론, 듀플리 컬러, VHT, 민탁스, 톰슨 위터 세일즈, 프랫 앤 랜버트, 화이트 라이트 라이닝, 퍼디, 쿨 실 등이 주요 브랜드다.

▶ 최근 12개월 기준 영업이익

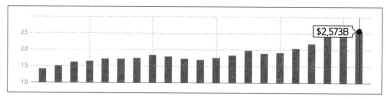

▶ 분기별 영업이익

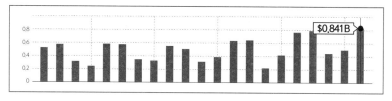

▶ 전년 동분기 대비 성장률

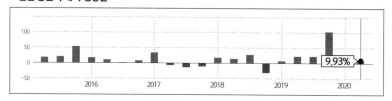

뉴몬트 Newmont Corporation(NEM)

▸ **주가**	64.19달러(64,190원)	▸ **시가총액**	520억 달러(52조 원)
▸ **예상매출**	110억 달러(11조 원)	▸ **영업이익률**	18%
▸ **부채비율**	75%(2020년 3월)	▸ **예상배당수익률**	1.56%
▸ **예상PER**	15배		

홈페이지: www.newmont.com

세계에서 가장 큰 금 채광회사로 1921년에 설립됐다. 네바다, 콜로라도, 온타리오, 퀘벡, 멕시코, 도미니카공화국, 호주, 가나, 아르헨티나, 페루, 수리남에 금광을 소유하고 있다. 금 이외에도 구리와 은, 아연, 납을 채굴한다. S&P500 기업 중 유일한 황금 기업이다.

▸ 최근 12개월 기준 영업이익

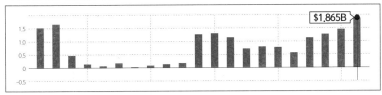

▸ 분기별 영업이익

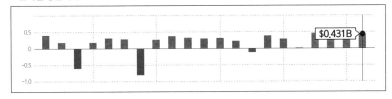

▸ 전년 동분기 대비 성장률

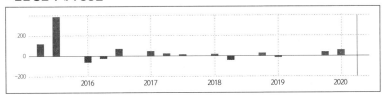

📈 바릭 골드 Barrick Gold Corporation(GOLD)

▸ 주가	28.07달러(28,070원)	▸ 시가총액	500억 달러(50조 원)
▸ 예상매출	100억 달러(10조 원)	▸ 영업이익률	31%
▸ 부채비율	48%(2020년 3월)	▸ 예상배당수익률	1%
▸ 예상PER	12배		

홈페이지: www.barrick.com

13개국에 16개의 운영 사이트를 가지고 금과 구리를 생산하는 광업 회사다. 아르헨티나, 캐나다, 칠레, 코트디부아르, 콩고 민주공화국, 도미니카 공화국, 말리, 파푸아뉴기니, 사우디아라비아, 탄자니아, 미국, 잠비아에서 광업을 하고 있다. 뉴몬트 다음으로 큰 금 채굴 회사다.

▸ **최근 12개월 기준 영업이익**

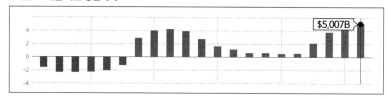

▸ **분기별 영업이익**

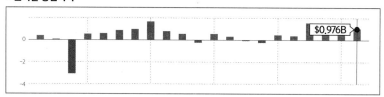

▸ **전년 동분기 대비 성장률**

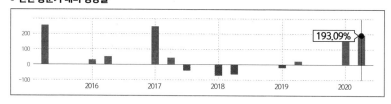

경기소비재

Consumer Cyclical

🏔️ 아마존 Amazon.com, Inc.(AMZN)

❯ **주가**	3,196.84달러(3,196,840원)	❯ **시가총액**	1조 5,950억 달러(1,595조 원)
❯ **예상매출**	2,960억 달러(296조 원)	❯ **영업이익률**	5%
❯ **부채비율**	239%(2020년 3월)	❯ **예상배당수익률**	-
❯ **예상PER**	153배	❯ **투자 대가**	데이비드 테퍼, 론 바론

홈페이지: www.amazon.com

1994년 제프 베조스가 설립한 미국 전자상거래 종합쇼핑몰이다. 태블릿PC, 스마트폰, 전자책 킨들, 클라우드 서비스, 음성인식 디바이스 사업을 영위하는 IT 기업이기도 하다. 1997년 나스닥에 상장하면서 크게 성장했으며 음반 사업, DVD 사업 등으로 카테고리를 확장했다. 2000년부터 오픈마켓으로 전환하면서 온라인 커머스 솔루션을 개발하여 제3자인 판매자가 직접 상품을 올리고 재고관리 및 판매를 할 수 있게 하고, 아마존은 결제·물류 서비스 등을 제공하고 수수료를 받는다. 시스템에 지속적으로 투자하여 물류 경쟁력을 높이고 있다.

❯ **최근 12개월 기준 영업이익**

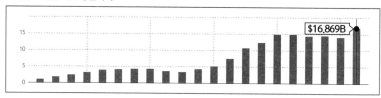

❯ **분기별 영업이익**

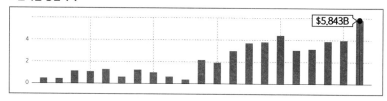

❯ **전년 동분기 대비 성장률**

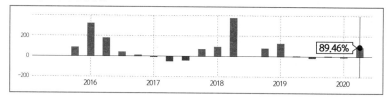

알리바바 Alibaba Group Holding Limited(BABA)

▶ 주가	254.81달러(254,810원)	▶ 시가총액	6,870억 달러(687조 원)
▶ 예상매출	5,100억 위안(87조 원)	▶ 영업이익률	18%
▶ 부채비율	51%(2020년 3월)	▶ 예상배당수익률	–
▶ 예상PER	73배	▶ 투자 대가	데이비드 테퍼, 론 바론

홈페이지: www.alibabagroup.com

1999년 마윈이 설립한 중국 최대의 전자상거래 업체로, 2014년 뉴욕증권거래소에 상장했다. 타오바오와 알리바바닷컴 사이트를 운영 중인데 타오바오는 소비자를 대상으로 하는 전자상거래이고, 알리바바닷컴은 B2B 거래에 특화된 사이트로 대량 주문 판매를 많이 하는 도매상과 제조 공장들이 주로 이용한다. 알리익스프레스는 외국인 거래와 B2C 거래에 특화되어 있다. 알리바바는 신용카드나 은행 계좌를 통해 현금을 충전해 사용하는 금융 서비스 알리페이를 개발하여 소비자가 쉽게 물품을 구입할 수 있게 했다. 그 밖의 사업으로 알리바바픽처스, 알리클라우드, 알리뮤직 등이 있다.

▶ **최근 12개월 기준 영업이익**

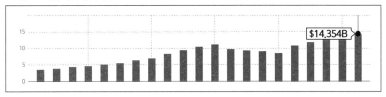

▶ **분기별 영업이익**

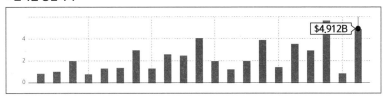

▶ **전년 동분기 대비 성장률**

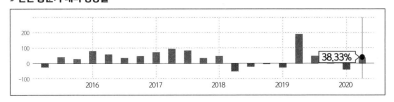

홈디포 The Home Depot, Inc.(HD)

주가	260.17달러(260,170원)	**시가총액**	2,800억 달러(280조 원)
예상매출	1,120억 달러(112조 원)	**영업이익률**	14%
부채비율	N/A(자본잠식)	**예상배당수익률**	2.29%
예상PER	26배	**투자 대가**	론 바론

홈페이지: www.homedepot.com

1978년에 설립된 미국에서 가장 큰 집수리용품 전문 회사다. 소매 구매자를 위한 도구, 건설 제품 및 서비스를 제공하며 대형 박스 형태의 상점들을 운영하고 있다. 미국 전역에 2,000개 이상의 매장이 있으며, 유통을 위한 센터도 90개 이상을 가지고 있다. 주로 건축자재·도구·원예용품 등을 판매하는데, 쉽게 설명하면 코스트코 형태의 철물점이라 생각하면 된다. 2018년 기준 미국 내 매출 23위 기업이다.

▶ 최근 12개월 기준 영업이익

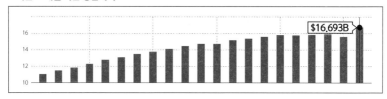

▶ 분기별 영업이익

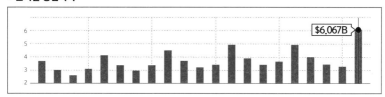

▶ 전년 동분기 대비 성장률

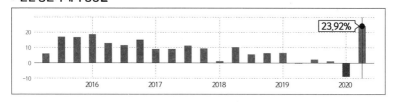

ᴀᴍ 테슬라 **Tesla, Inc.(TSLA)**

➤ 주가	1,643달러(1,643,000원)	➤ 시가총액	3,050억 달러(305조 원)
➤ 예상매출	260억 달러(26조 원)	➤ 영업이익률	3.23%
➤ 부채비율	271%(2020년 3월)	➤ 예상배당수익률	–
➤ 예상PER	–	➤ 투자 대가	데이비드 테퍼, 론 바론

홈페이지: www.tesla.com

전기자동차, 자동차 소프트웨어, 충전기를 제조하는 미국 회사로 일론 머스크가 CEO로 있다. 전 세계 자동차회사 시가총액 1위, 전기자동차 판매량 1위다. 자율주행 프로그램인 오토파일럿은 완전한 자율주행 시스템은 아니지만 2단계 자율주행 기능으로 현재 가장 우수한 시스템이라고 평가된다. 판매 제품으로는 모델3·모델S·모델X·모델Y가 있고, 테슬라 세미·사이버트럭의 출시가 예정돼 있다.

➤ **최근 12개월 기준 영업이익**

➤ **분기별 영업이익**

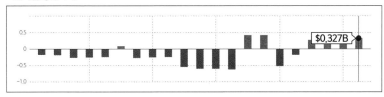

➤ **전년 동분기 대비 성장률**

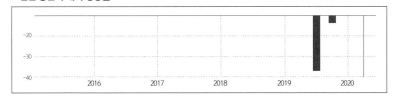

🏛 토요타 Toyota Motor Corporation(TM)

▶ 주가	127.28달러(127,280원)	▶ 시가총액	1,760억 달러(176조 원)
▶ 예상매출	30조 엔(300조 원)	▶ 영업이익률	8%
▶ 부채비율	154%(2020년 3월)	▶ 예상배당수익률	3.19%
▶ 예상PER	8배		

홈페이지: global.toyota/en

1937년에 설립된 일본 자동차회사다. 일본 전체 주식시장 1위의 시가총액을 자랑한다. 전 세계 자동차회사들 중에서도 테슬라에 이어 시가총액 2위를 차지하고 있다. 대표 브랜드로 토요타, 히노, 렉서스, 랜츠, 사이언이 있다. 토요타 브랜드 차종으로 캠리·RAV4·프리우스·시에나 등이 있고, 렉서스 브랜드 차종으로 IS250·GS460·LS600hl 등이 있다. 북미, 태국, 말레이시아 등 해외 곳곳에 생산공장을 가지고 있다.

▶ 최근 12개월 기준 영업이익

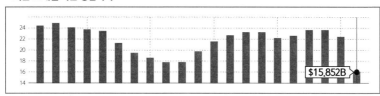

$15,852B

▶ 분기별 영업이익

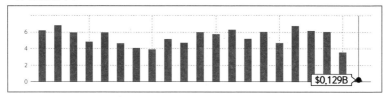

$0.129B

▶ 전년 동분기 대비 성장률

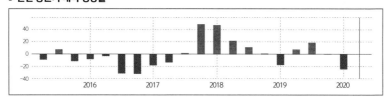

📈 나이키 NIKE, Inc.(NKE)

➤ **주가**	95.65달러(95,650원)	➤ **시가총액**	1,490억 달러(149조 원)
➤ **예상매출**	370억 달러(37조 원)	➤ **영업이익률**	8%
➤ **부채비율**	289%(2020년 3월)	➤ **예상배당수익률**	1.02%
➤ **예상PER**	60배		

홈페이지: www.nike.com

미국을 대표하는 스포츠용품 브랜드로 전 세계 시장에서 독보적인 1위 기업이다. 1964년 필 나이트와 빌 바우어만이 블루 리본 스포츠를 설립하면서 시작됐다. 1970년대 조깅화로 미국 시장에서 자리를 잡기 시작했으며 농구선수 마이클 조던과 협업으로 에어 조던 시리즈를 출시하면서 대성공을 거두었다. 이후 타이거 우즈, 로저 페더러, 호나우두, 호날두, 코비 브라이언트 등 스포츠 스타들과 계약을 맺어 스토리텔링 마케팅 문화를 이어가고 있다. 유명한 광고 문구로 'Just do it'이 있다. 현재 수많은 스포츠 클럽과 국가대표팀에 용품 및 유니폼 지원 등 스폰서 계약을 맺고 후원하고 있다.

➤ **최근 12개월 기준 영업이익**

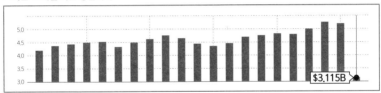

➤ **분기별 영업이익**

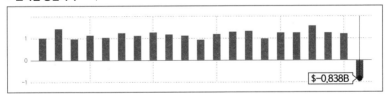

➤ **전년 동분기 대비 성장률**

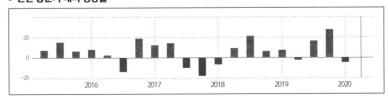

ᐞᐞᐞ 맥도날드 **McDonald's Corporation(MCD)**

▸ 주가	191.61달러(191,610원)	▸ 시가총액	1,420억 달러(142조 원)
▸ 예상매출	210억 달러(21조 원)	▸ 영업이익률	41%
▸ 부채비율	N/A(2020년 3월)	▸ 예상배당수익률	2.61%
▸ 예상PER	25배		

홈페이지: corporate.mcdonalds.com

1940년 맥도날드 형제가 시작한 패스트푸드 매장을 레이 크록이 1955년 프랜차이즈 사업으로 추진하면서 미국을 대표하는 패스트푸드 프랜차이즈 기업이 됐다. 거의 전 세계에 맥도날드 체인점이 있으며 햄버거를 대표하는 브랜드다. 맥도날드는 단일 기업으로 세계에서 가장 많은 부동산을 보유한 것으로도 유명하다. 현재 119개국에 3만 5,000개 이상의 매장을 확보하고 있다.

▸ 최근 12개월 기준 영업이익

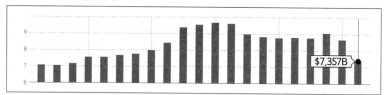

▸ 분기별 영업이익

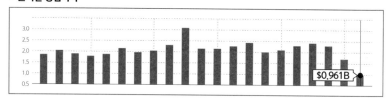

▸ 전년 동분기 대비 성장률

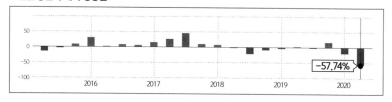

징동닷컴 JD.com, Inc.(JD)

▸ **주가**	63.40달러(63,400원)	▸ **시가총액**	970억 달러(97조 원)
▸ **예상매출**	5,768억 위안(98조 원)	▸ **영업이익률**	1.3%
▸ **부채비율**	204%(2020년 3월)	▸ **예상배당수익률**	0%
▸ **예상PER**	431배		

홈페이지: www.jd.com

베이징에 본사를 두고 있는 중국 전자상거래 회사로 1998년 류창둥이 설립했다. 거래 규모와 매출 면에서 알리바바 다음으로 큰 B2C 온라인 소매 업체다. 주로 가전, PC, 가구, 의류, 식품, 도서 등의 상품을 인터넷으로 판매한다. 2014년 나스닥에 상장됐고, 최대주주는 텐센트다.

▸ 최근 12개월 기준 영업이익

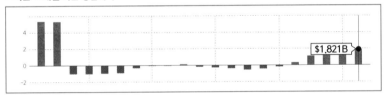

▸ 분기별 영업이익

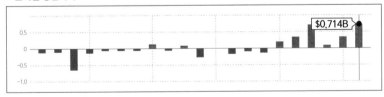

▸ 전년 동분기 대비 성장률

로우스 Lowe's Companies, Inc.(LOW)

➤ **주가**	144.10달러(144,100원)	➤ **시가총액**	1,090억 달러(109조 원)
➤ **예상매출**	740억 달러(74조 원)	➤ **영업이익률**	10%
➤ **부채비율**	2,571%(2020년 4월)	➤ **예상배당수익률**	1.53%
➤ **예상PER**	24배	➤ **투자 대가**	론 바론

홈페이지: www.lowes.com

1921년에 설립됐으며 주택 개선 용품, 공구 등의 판매가 주력 사업이다. 소매점을 운영하는 프랜차이즈 기업으로, 경쟁 업체인 홈디포에 이어 미국에서 두 번째로 크다. 2,000개가 넘는 매장을 운영 중인데 대형 철물점이라 생각하면 된다. 조명 용품, 공구, 전기부품, 가전제품, 목재, 페인트 등을 유통한다.

➤ **최근 12개월 기준 영업이익**

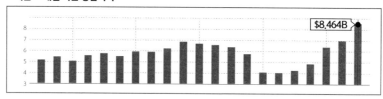

➤ **분기별 영업이익**

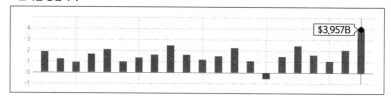

➤ **전년 동분기 대비 성장률**

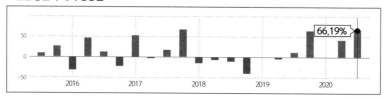

📊 스타벅스 Starbucks Corporation(SBUX)

▶ **주가**	74.96달러(74,960원)	▶ **시가총액**	880억 달러(88조 원)
▶ **예상매출**	270억 달러(27조 원)	▶ **영업이익률**	14%
▶ **부채비율**	N/A	▶ **예상배당수익률**	2.19%
▶ **예상PER**	27배		

홈페이지: www.starbucks.com

1971년 고급 커피 원두를 판매하는 소매점을 열면서 시작됐고, 1987년 하워드 슐츠가 인수하면서 크게 성장한 커피 전문 회사다. 현재 커피 브랜드 세계 1위를 차지하고 있다. 국내에도 1,200여 개의 매장이 있다. 스타벅스는 인스턴트 커피에서도 적극적인 편으로 고퀄리티의 맛을 보여준다. 2018년 기준 세계 75개국에 진출해 2만 8,000개의 매장을 보유하고 있다.

▶ 최근 12개월 기준 영업이익

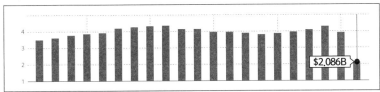

▶ 분기별 영업이익

▶ 전년 동분기 대비 성장률

📈 부킹 홀딩스 Booking Holdings Inc.(BKNG)

▸ **주가**	1,713.65달러(1,713,650원)	▸ **시가총액**	700억 달러(70조 원)
▸ **예상매출**	150억 달러(15조 원)	▸ **영업이익률**	34%
▸ **부채비율**	366%(2020년 3월)	▸ **예상배당수익률**	0%
▸ **예상PER**	21배		

홈페이지: www.bookingholdings.com

부킹닷컴(Booking.com)으로 유명한 온라인 여행 사이트를 운영하는 회사다. 이 외에도 Priceline.com, Kayak.com, agoda.com 등의 사이트를 소유하고 있다. 200여 국가에서 약 40개의 언어로 웹사이트를 운영 중이다.

▸ 최근 12개월 기준 영업이익

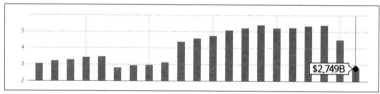

▸ 분기별 영업이익

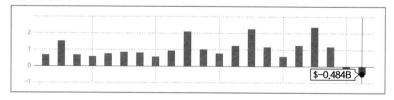

▸ 전년 동분기 대비 성장률

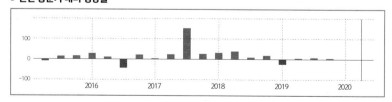

TJX 컴퍼니 The TJX Companies, Inc.(TJX)

▶ **주가**	51.74달러(51,740원)	▶ **시가총액**	620억 달러(62조 원)
▶ **예상매출**	370억 달러(37조 원)	▶ **영업이익률**	6%
▶ **부채비율**	436%(2020년 4월)	▶ **예상배당수익률**	0%
▶ **예상PER**	37배		

홈페이지: www.tjx.com

T.J.Maxx, Marshalls, Homegoods 등 할인 전문 유통체인을 보유한 미국 최대의 오프프라이스(off-price, 할인 전문) 회사다. 명품을 포함한 브랜드 의류 등 이월상품을 정상가 대비 20~60% 할인하여 판매하는 매장을 운영한다. 6개국 이상에 3,300개 이상의 할인점을 보유하고 있다.

▶ **최근 12개월 기준 영업이익**

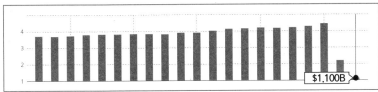

▶ **분기별 영업이익**

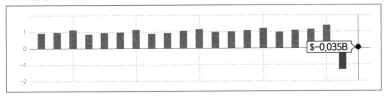

▶ **전년 동분기 대비 성장률**

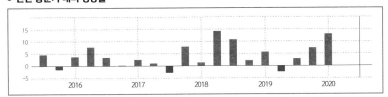

📊 혼다 모터스 Honda Motor Co., Ltd.(HMC)

▶ 주가	26.22달러(26,220원)	▶ 시가총액	450억 달러(45조 원)
▶ 예상매출	14조 엔(140조 원)	▶ 영업이익률	4%
▶ 부채비율	147%(2020년 3월)	▶ 예상배당수익률	3.93%
▶ 예상PER	5배		

홈페이지: www.honda.co.jp

1946년 혼다 소이치로가 설립한 혼다기술연구소가 혼다 모터스(1959년)의 전신이다. 세계 최대의 오토바이 제조 업체이며, 일본에서 두 번째로 큰 자동차회사다. 1986년부터 인공지능 로봇 연구를 지속하여 2000년에 ASIMO 로봇을 출시할 정도로 기술력이 높다. 대표 제품으로는 럭셔리 오토바이인 골드윙, CBR 시리즈, 스쿠터, 어코드 자동차, CR-V, 오딧세이 등이 있다.

▶ 최근 12개월 기준 영업이익

▶ 분기별 영업이익

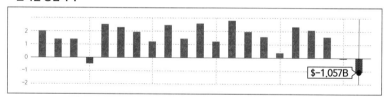

▶ 전년 동분기 대비 성장률

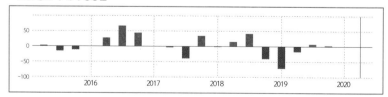

📊 이베이 eBay Inc.(EBAY)

▶ 주가	58.47달러(58,470원)	▶ 시가총액	410억 달러(41조 원)
▶ 예상매출	110억 달러(11조 원)	▶ 영업이익률	22%
▶ 부채비율	795%(2020년 3월)	▶ 예상배당수익률	1.09%
▶ 예상PER	10배	▶ 투자 대가	세스 클라먼

홈페이지: www.ebayinc.com

1995년 옥션웹(AuctionWeb) 사이트로 시작된 세계 최대 규모의 오픈마켓이다. 인터넷 경매와 고정가 방식의 쇼핑몰을 운영한다. 여러 나라에 맞춤 웹사이트를 구축해 운영하고 있다. 전자결제 시스템 페이팔을 인수해서 결제도 연동하고 있다. 한국에서는 G마켓, 옥션, G9를 이베이가 인수해 운영 중이다. 아마존과 함께 미국을 대표하는 전자상거래 쇼핑몰 기업이다.

▶ 최근 12개월 기준 영업이익

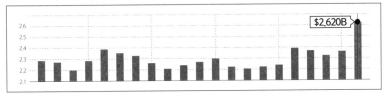

▶ 분기별 영업이익

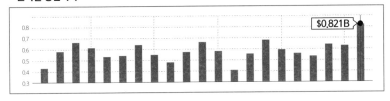

▶ 전년 동분기 대비 성장률

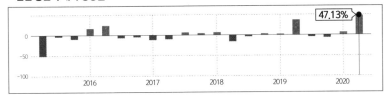

룰루레몬 애슬레티카 Lululemon Athletica Inc.(LULU)

➤ 주가	326.84달러(326,840원)	➤ 시가총액	430억 달러(43조 원)
➤ 예상매출	40억 달러(4조 원)	➤ 영업이익률	21%
➤ 부채비율	74%(2020년 4월)	➤ 예상배당수익률	0%
➤ 예상PER	74배		

홈페이지: www.lululemon.com

1998년 캐나다 밴쿠버에서 데니스 칩 윌슨이 설립한 기능성 스포츠웨어 브랜드다. '요가복의 샤넬'이라 불리며 요가바지, 반바지, 스웨터, 재킷, 속옷 등 의류 및 관련 용품을 온라인스토어와 전 세계 460개 매장에서 판매하고 있다.

➤ **최근 12개월 기준 영업이익**

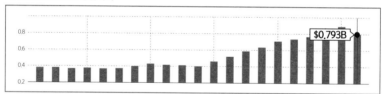

➤ **분기별 영업이익**

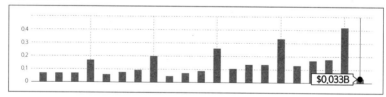

➤ **전년 동분기 대비 성장률**

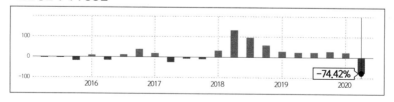

치폴레 멕시코 그릴 Chipotle Mexican Grill, Inc.(CMG)

➤ 주가	1,163.72달러(1,163,720원)	➤ 시가총액	320억 달러(32조 원)
➤ 예상매출	60억 달러(6조 원)	➤ 영업이익률	8%
➤ 부채비율	211%(2020년 3월)	➤ 예상배당수익률	0%
➤ 예상PER	97배		

홈페이지: www.chipotle.com

타코와 부리또를 전문으로 하는 미국의 패스트푸드 기업이다. 1993년 스티브 엘스가 설립했고, 2,000개 이상의 지점을 가지고 있다. 특이한 점은 프랜차이즈 계약을 하지 않고 모든 지점을 직영한다는 것이다. 경쟁사로는 타코벨이 있다.

➤ **최근 12개월 기준 영업이익**

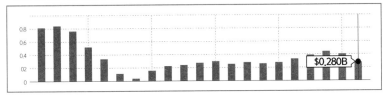

➤ **분기별 영업이익**

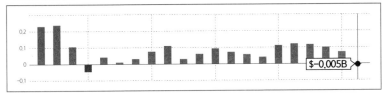

➤ **전년 동분기 대비 성장률**

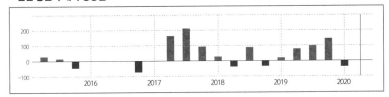

금융 서비스
Financial Services

⋔⋔ 버크셔 해서웨이 Berkshire Hathaway Inc.(BRK-A)

▸ **주가**	285,590달러(285,590,000원)	▸ **시가총액**	4,630억 달러(463조 원)
▸ **예상매출**	2,570억 달러(257조 원)	▸ **영업이익률**	6%
▸ **부채비율**	103%(2020년 3월)	▸ **예상배당수익률**	N/A
▸ **예상PER**	47배	▸ **투자 대가**	론 바론

홈페이지: www.berkshirehathaway.com

1962년 워런 버핏이 섬유회사 버크셔 해서웨이의 주식을 사들이면서 경영에 참여했다. 버핏이 이 회사를 투자와 보험업을 영위하는 회사로 탈바꿈시켰다. 현재 지주회사로서 다양한 사업군의 주식을 보유하고 있다. 보유한 주식으로는 듀라셀, Helzberg Diamonds, FlightSafety International, American Express, WellsFargo, 코카콜라, 뱅크 오브 아메리카, 애플 등이 있다. 주당 가격이 가장 비싼 주식으로 유명하다.

▸ 최근 12개월 기준 영업이익

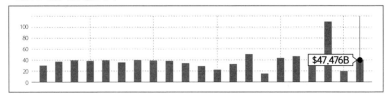

▸ 분기별 영업이익

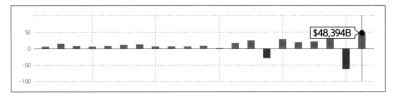

▸ 전년 동분기 대비 성장률

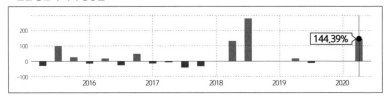

비자 Visa Inc.(V)

➤ **주가**	198.47달러(198,470원)	➤ **시가총액**	4,360억 달러(436조 원)
➤ **예상매출**	240억 달러(24조 원)	➤ **영업이익률**	67%
➤ **부채비율**	108%(2020년 3월)	➤ **예상배당수익률**	0.6%
➤ **예상PER**	36배	➤ **투자 대가**	워런 버핏, 론 바론

홈페이지: usa.visa.com

1958년 뱅크 오브 아메리카가 신용카드 뱅크아메리카드를 발행하면서 시작된 미국의 다국적 금융 서비스 회사다. 초기에는 캘리포니아주에서만 사용됐는데, 미국 내 다른 주의 은행들에 라이선스를 주면서 전 세계 금융기관들과도 제휴를 시작했다. 이후 통합관리를 위해 이 부문을 독립회사로 분리하고 'VISA'라는 새로운 이름의 글로벌 다국적 회사로 거듭났다. 주로 비자 브랜드 신용카드, 직불카드, 선불카드를 통해 국경을 넘어 쉽게 전자 자금 이체를 할 수 있게 한다.

➤ **최근 12개월 기준 영업이익**

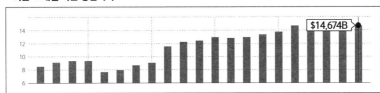

$14,674B

➤ **분기별 영업이익**

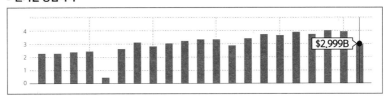

$2,999B

➤ **전년 동분기 대비 성장률**

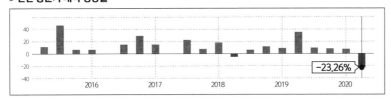

−23.26%

㎡ JP모건 체이스 앤드 컴퍼니 JPMorgan Chase & Co.(JPM)

➤ 주가	97.30달러(97,300원)	➤ 시가총액	2,970억 달러(297조 원)
➤ 예상매출	970억 달러(97조 원)	➤ 영업이익률	32%
➤ 부채비율	1,117%(2020년 6월)	➤ 예상배당수익률	3.7%
➤ 예상PER	13배	➤ 투자 대가	워런 버핏

홈페이지: www.jpmorganchase.com

존 피어폰 모건이 세운 회사로 세계에서 가장 오래된 금융회사 중 하나다. 웰스 파고, 뱅크 오브 아메리카, 씨티그룹과 함께 미국의 4대 은행으로 꼽히며 미국 내 은행 업계 시가총액 1위를 차지하고 있다.

➤ 최근 12개월 기준 영업이익

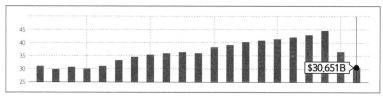

➤ 분기별 영업이익

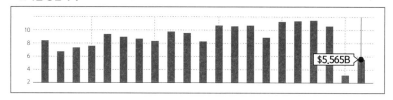

➤ 전년 동분기 대비 성장률

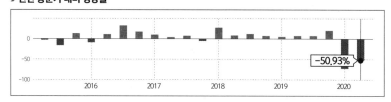

📶 마스타카드 Mastercard Incorporated(MA)

➤ **주가**	311.96달러(311,960원)	➤ **시가총액**	3,130억 달러(313조 원)
➤ **예상매출**	170억 달러(17조 원)	➤ **영업이익률**	57%
➤ **부채비율**	465%(2020년 3월)	➤ **예상배당수익률**	0.53%
➤ **예상PER**	40배	➤ **투자 대가**	워런 버핏, 론 바론, 파나수스

홈페이지: www.mastercard.com

세계 어디서든 사용할 수 있는 결제 시스템을 제공하는 신용카드 회사로, 비자(Visa)와 함께 신용카드 시장을 주도한다. 1966년 미국 내 17개 은행이 연합해 설립한 캘리포니아 뱅크 카드 협회에서 출발했고, 이후 합병을 계속하여 몸집을 키우면서 'Mastercard'라는 사명으로 변경했다. 국내에서는 비자를 제치고 시장점유율 1위를 차지하고 있다.

➤ **최근 12개월 기준 영업이익**

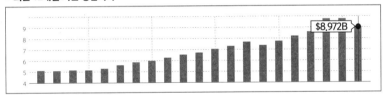

➤ **분기별 영업이익**

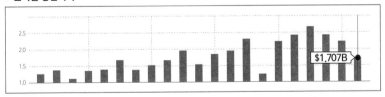

➤ **전년 동분기 대비 성장률**

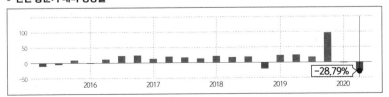

📊 뱅크 오브 아메리카 Bank of America Corporation(BAC)

▶ 주가	23.58달러(23,580원)	▶ 시가총액	2,040억 달러(204조 원)
▶ 예상매출	770억 달러(77조 원)	▶ 영업이익률	31%
▶ 부채비율	934%(2020년 6월)	▶ 예상배당수익률	3.1%
▶ 예상PER	11배	▶ 투자 대가	워런 버핏, 파나수스

홈페이지: www.bankofamerica.com

이탈리아계의 아마데오 피터 지아니니가 샌프란시스코에 소액금융을 목적사업으로 하여 설립했다. 이후 1998년 네이션스뱅크와 합병하면서 미국 내 48개 주에 금융센터를 둔 초대형 금융 기업으로 재탄생했다. 미국에서 두 번째로 큰 지주회사이자, 두 번째로 큰 은행이다. 2008년에는 금융투자를 위해 자산운용사 메릴린치를 인수했다. 시가총액으로 세계 13위를 차지한다.

▶ 최근 12개월 기준 영업이익

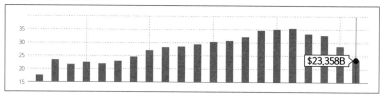

▶ 분기별 영업이익

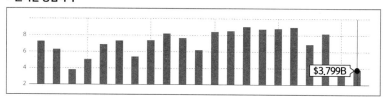

▶ 전년 동분기 대비 성장률

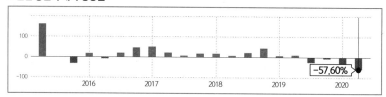

페이팔 홀딩스 PayPal Holdings, Inc.(PYPL)

➤ 주가	178.82달러(178,820원)	➤ 시가총액	2,100억 달러(210조 원)
➤ 예상매출	180억 달러(18조 원)	➤ 영업이익률	14%
➤ 부채비율	239%(2020년 3월)	➤ 예상배당수익률	0%
➤ 예상PER	113배	➤ 투자 대가	론 바론

홈페이지: www.paypal.com

온라인 결제 시스템을 제공하는 회사로 1988년 '콘피니티'라는 이름으로 출발했다. 이후 테슬라의 CEO 일론 머스크가 설립한 X.com에 인수되면서 1999년 페이팔이 탄생했다. 2002년 10월에는 이베이에 인수됐다. 구매자와 판매자의 중간에서 돈을 중개해주는 시스템을 운영하며 주 수입원은 중개 수수료. 이베이, 아이튠즈 스토어, 나이키, 스팀 등 해외 유명 온라인 쇼핑몰에서 채택해 직구를 하는 사람들이 많이 이용하고 있다.

➤ 최근 12개월 기준 영업이익

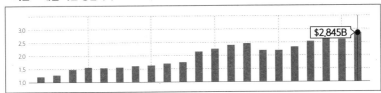

➤ 분기별 영업이익

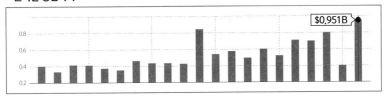

➤ 전년 동분기 대비 성장률

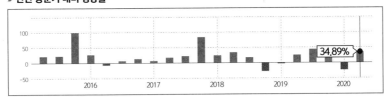

씨티그룹 Citigroup Inc.(C)

▶ 주가	50.14달러(50,140원)	▶ 시가총액	1,040억 달러(104조 원)
▶ 예상매출	590억 달러(59조 원)	▶ 영업이익률	28%
▶ 부채비율	1,063%(2020년 6월)	▶ 예상배당수익률	4.07%
▶ 예상PER	9배		

홈페이지: www.citigroup.com

1998년 씨티코프와 트래블러스 그룹의 합병으로 설립된 미국의 투자금융 회사다. 씨티그룹의 자회사인 씨티은행은 미국 4대 은행에 속하며 자산 기준 JP모건 체이스, 뱅크 오브 아메리카, 웰스 파고 앤드 컴퍼니 다음으로 큰 은행이다.

▶ 최근 12개월 기준 영업이익

$16,282B

▶ 분기별 영업이익

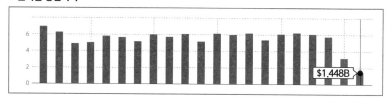

$1,448B

▶ 전년 동분기 대비 성장률

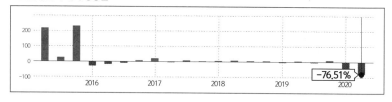

−76.51%

📊 웰스 파고 앤드 컴퍼니 Wells Fargo & Company(WFC)

▶ 주가	24.57달러(24,570원)	▶ 시가총액	1,010억 달러(101조 원)
▶ 예상매출	630억 달러(63조 원)	▶ 영업이익률	8%
▶ 부채비율	993%(2020년 6월)	▶ 예상배당수익률	1.6%
▶ 예상PER	26배	▶ 투자 대가	워런 버핏, 데이비드 테퍼

홈페이지: www.wellsfargo.com

1852년 헨리 웰스와 윌리엄 파고가 캘리포니아에서 설립했다. 미국 4대 은행 중 하나이며, 본사는 샌프란시스코에 있다. 1968년 은행 이름을 웰스 파고 앤드 컴퍼니 뱅크 내셔널어 소시에이션으로 변경하면서 그 주식을 모두 소유하는 지주회사로 웰스 파고 앤드 컴퍼니가 설립됐다.

▶ 최근 12개월 기준 영업이익

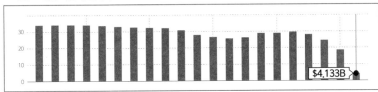

▶ 분기별 영업이익

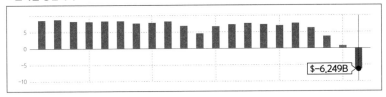

▶ 전년 동분기 대비 성장률

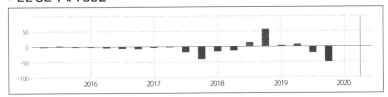

⋔⋔ 골드만삭스 그룹 The Goldman Sachs Group, Inc.(GS)

➤ 주가	211.71달러(211,710원)	➤ 시가총액	730억 달러(73조 원)
➤ 예상매출	370억 달러(37조 원)	➤ 영업이익률	32%
➤ 부채비율	1,141%(2020년 6월)	➤ 예상배당수익률	2.36%
➤ 예상PER	11배	➤ 투자 대가	워런 버핏, 론 바론

홈페이지: www.goldmansachs.com

1869년 독일계 유대인 마르쿠스 골드만이 세운 어음거래 회사로 출발해서 현재 금융시장을 선도하는 종합금융 기업이 되었다. 주로 증권 상장, 기업의 인수합병, 채권 발행 등을 대행하며 부동산 투자, 석유사업, 소매금융 사업도 한다. 2008년 9월 상업은행 업무를 겸하는 은행지주회사로 전환했다.

➤ **최근 12개월 기준 영업이익**

➤ **분기별 영업이익**

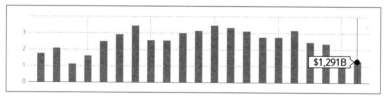

➤ **전년 동분기 대비 성장률**

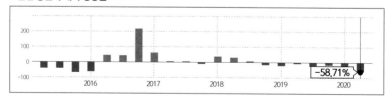

📊 아메리칸 익스프레스 American Express Company(AXP)

➤ **주가**	94달러(94,000원)	➤ **시가총액**	760억 달러(76조 원)
➤ **예상매출**	380억 달러(38조 원)	➤ **영업이익률**	19%
➤ **부채비율**	786%(2020년 3월)	➤ **예상배당수익률**	1.83%
➤ **예상PER**	14배	➤ **투자 대가**	워런 버핏, 파나수스

홈페이지: www.americanexpress.com

1850년에 설립된 미국의 다국적 금융 서비스 회사로, 미국 다우존스산업평균지수 30개 기업에 속한다. 아멕스카드로 유명하며 주로 신용카드, 여행자수표 사업을 영위하고 있다. 전 세계에서 가장 오래된 신용카드 기업이다. 1970년대까지 신용카드의 대명사로 불렸다가 이후 비자카드, 마스타카드에 밀려 '넘버 3'가 되었다. 하지만 카드계의 명품으로 인식되며, 고급 프리미엄 카드 부문에서는 독보적이다.

➤ **최근 12개월 기준 영업이익**

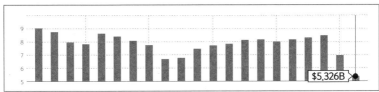

➤ **분기별 영업이익**

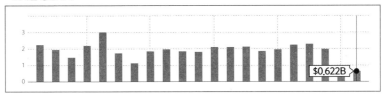

➤ **전년 동분기 대비 성장률**

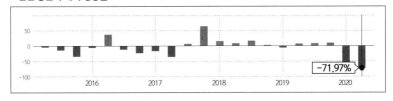

📊 CME 그룹 CME Group Inc.(CME)

▶ 주가	167.90달러(167,900원)	▶ 시가총액	600억 달러(60조 원)
▶ 예상매출	50억 달러(5조 원)	▶ 영업이익률	57%
▶ 부채비율	419%(2020년 3월)	▶ 예상배당수익률	2.03%
▶ 예상PER	25배	▶ 투자 대가	론 바론

홈페이지: www.cmegroup.com

1871년 농축산물 매매를 위해 설립된 시카고물품거래소에서 미국 선물거래의 대부분이 거래되는 세계 최대의 선물거래소가 됐다. 자회사로 미국 4대 주요 파생상품거래소인 시카고상품거래소(CBOT), 시카고상업거래소(CME), 뉴욕상업거래소(NYMEX), 뉴욕상품거래소(COMEX)를 보유하고 있다. 2002년 뉴욕증권거래소에 상장됐다. 시가총액 기준으로 기업 가치가 가장 큰 거래소다.

> **▶ 최근 12개월 기준 영업이익**

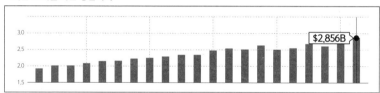

> **▶ 분기별 영업이익**

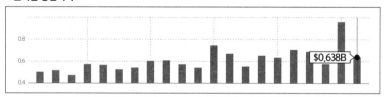

> **▶ 전년 동분기 대비 성장률**

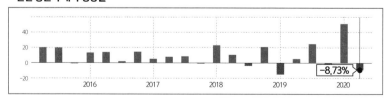

처브 Chubb Limited(CB)

▶ 주가	134.28달러(134,280원)	▶ 시가총액	610억 달러(61조 원)
▶ 예상매출	340억 달러(34조 원)	▶ 영업이익률	13%
▶ 부채비율	232%(2020년 3월)	▶ 예상배당수익률	2.32%
▶ 예상PER	17배		

홈페이지: www.chubb.com/us-en

1967년에 설립된 보험회사로 1984년 뉴욕증권거래소에 상장했다. 주요 사업으로 재산 및 상해, 사고 및 건강, 재보험, 생명보험을 세계 여러 나라에서 제공하고 있다. 2016년 ACE Limited가 인수하여 회사 명칭을 그대로 채택했다. S&P500지수에 속하는 기업이다.

▶ 최근 12개월 기준 영업이익

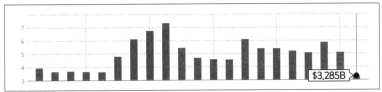

▶ 분기별 영업이익

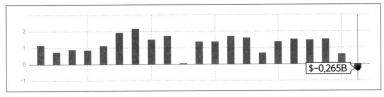

▶ 전년 동분기 대비 성장률

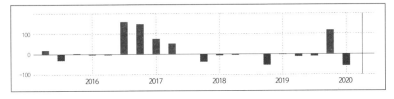

📊 마시 앤드 맥레넌 **Marsh & McLennan Companies, Inc.(MMC)**

➤ 주가	113.48달러(113,480원)	➤ 시가총액	570억 달러(57조 원)
➤ 예상매출	170억 달러(17조 원)	➤ 영업이익률	21%
➤ 부채비율	321%(2020년 3월)	➤ 예상배당수익률	1.63%
➤ 예상PER	33배		

홈페이지: www.mmc.com

1905년에 설립되어 1978년 1월 상장됐다. 리스크 관리와 보험중개를 주 업으로 하는 마시(Marsh)와 리스크 및 재보험 중개 서비스 분야의 가이 카펜터(Guy Carpenter), 인사 조직, 복리후생, 연금, 투자 부분 컨설팅을 제공하는 머서(Mercer) 등을 자회사로 두고 있다. 연간 매출이 130억 달러 정도로, 세계 최대 보험 중개업 서열 1~2위를 차지한다.

➤ **최근 12개월 기준 영업이익**

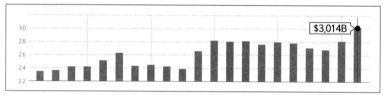

➤ **분기별 영업이익**

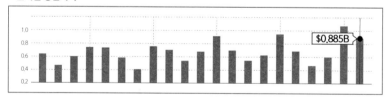

➤ **전년 동분기 대비 성장률**

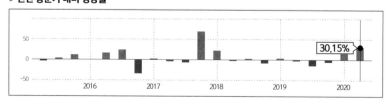

𝚰𝚰𝚰 무디스 Moody's Corporation(MCO)

▸ 주가	293.93달러(293,930원)	▸ 시가총액	550억 달러(55조 원)
▸ 예상매출	50억 달러(5조 원)	▸ 영업이익률	44%
▸ 부채비율	1,315%(2020년 3월)	▸ 예상배당수익률	0.76%
▸ 예상PER	36배	▸ 투자 대가	워런 버핏

홈페이지: www.moodys.com

1900년에 J. 무디스가 설립한 신용평가 회사다. 현재 전 세계를 대상으로 채무상환 능력 등을 종합 평가해 무디스 등급을 발표한다. S&P, Fitch와 함께 세계 3대 신용평가 회사로 꼽히며 전 세계 신용평가의 95% 이상을 차지하고 있다고 봐도 무방하다. 신용평가 최고등급은 Aaa이며, 한국은 Aa2 등급이다.

▸ 최근 12개월 기준 영업이익

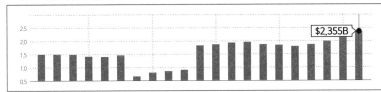

▸ 분기별 영업이익

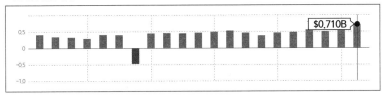

▸ 전년 동분기 대비 성장률

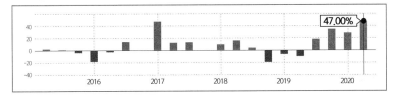

부동산

Real Estate

📊 아메리칸 타워 American Tower Corporation(REIT)(AMT)

➤ 주가	260.53달러(260,530원)	➤ 시가총액	1,160억 달러(116조 원)
➤ 예상매출	80억 달러(8조 원)	➤ 영업이익률	39%
➤ 부채비율	904%(2020년 3월)	➤ 예상배당수익률	1.59%
➤ 예상PER	61배	➤ 투자 대가	론 바론

홈페이지: www.americantower.com

1995년에 설립된 통신 타워 임대 기업이다. 전 세계 여러 국가에서 무선 및 방송 통신 인프라를 소유 및 운영한다. 17개 나라에 17만 1,000개의 셀 타워를 소유·운영하고 있다. 또한 미국 전역에 설치된 타워 구조물의 대부분을 소유하고 있고 그 부지도 소유하고 있는 부동산투자신탁(REIT, Real Estate Investment Trust) 기업이다.

➤ **최근 12개월 기준 영업이익**

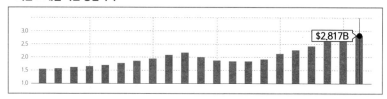

➤ **분기별 영업이익**

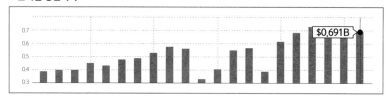

➤ **전년 동분기 대비 성장률**

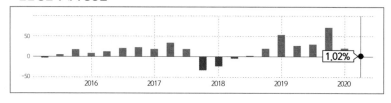

크라운 캐슬 인터내셔널 Crown Castle International Corp.(REIT)(CCI)

▶ 주가	170.16달러(170,160원)	▶ 시가총액	710억 달러(71조 원)
▶ 예상매출	60억 달러(6조 원)	▶ 영업이익률	27%
▶ 부채비율	282%(2020년 3월)	▶ 예상배당수익률	2.87%
▶ 예상PER	96배	▶ 투자 대가	론 바론

홈페이지: www.crowncastle.com

1994년에 설립됐으며, 미국에서 AMT 다음으로 큰 공유 통신 인프라 제공 업체다. 4만 개 이상의 기지국과 약 8만 마일의 광섬유 경로를 가지고 있다. 미국의 무선 통신사들에게 통신 타워를 임대한다.

▶ 최근 12개월 기준 영업이익

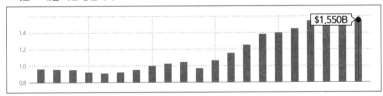

▶ 분기별 영업이익

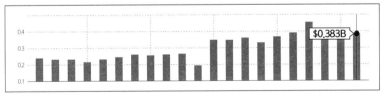

▶ 전년 동분기 대비 성장률

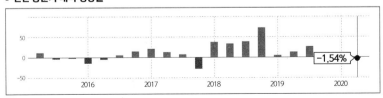

📊 프롤로지스 Prologis, Inc.(PLD)

➤ 주가	94.73달러(94,730원)	**➤ 시가총액**	700억 달러(70조 원)
➤ 예상매출	40억 달러(4조 원)	**➤ 영업이익률**	35%
➤ 부채비율	50%(2020년 3월)	**➤ 예상배당수익률**	2.45%
➤ 예상PER	36배	**➤ 투자 대가**	론 바론

홈페이지: www.prologis.com

1983년에 설립됐으며, 제조 및 유통사와 협력하는 물류 부동산 회사다. S&P500에 포함된 기업으로 3,700개 이상의 물류시설을 운영 중이며 5,000명 이상의 고객을 보유하고 있다. 전 세계 점유율 96%에 달한다. 대표적인 고객들로 아마존, DHL, 페덱스, 월마트, 홈디포 등이 있다. 주요 사업은 유통을 위한 모든 과정 지원, 물류건물 임대 및 관리사업이다.

➤ 최근 12개월 기준 영업이익

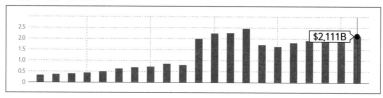

➤ 분기별 영업이익

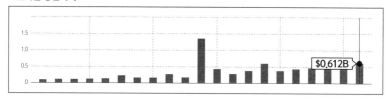

➤ 전년 동분기 대비 성장률

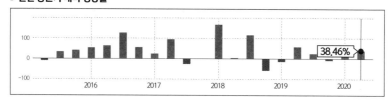

📈 에퀴닉스 Equinix, Inc.(REIT)(EQIX)

▶ **주가**	731.84달러(731,840원)	▶ **시가총액**	650억 달러(65조 원)
▶ **예상매출**	60억 달러(6조 원)	▶ **영업이익률**	19%
▶ **부채비율**	172%(2020년 3월)	▶ **예상배당수익률**	1.47%
▶ **예상PER**	123배	▶ **투자 대가**	론 바론

홈페이지: www.equinix.com

1998년에 설립된 회사로 인터넷 연결 및 데이터센터 운영을 전문으로 한다. 전 세계 25개 국에 205개의 데이터센터를 보유하고 있다. 2015년 부동산투자신탁(REIT)으로 전환했다. 클라우드의 확산으로 에퀴닉스의 가치가 증가했다. 주요 고객사는 마이크로소프트(애저), 아마존(아마존웹서비스), 구글(클라우드), 시스코, 오라클(클라우드) 등이 있다.

▶ **최근 12개월 기준 영업이익**

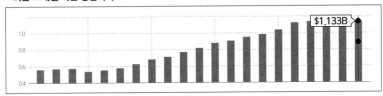

▶ **분기별 영업이익**

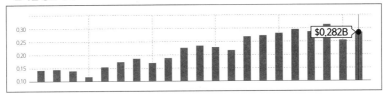

▶ **전년 동분기 대비 성장률**

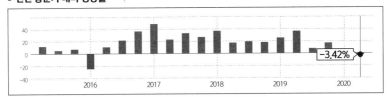

📈 디지털 리얼티 트러스트 Digital Realty Trust, Inc.(DLR)

▶주가	144.24달러(144,240원)	▶시가총액	390억 달러(39조 원)
▶예상매출	30억 달러(3조 원)	▶영업이익률	16%
▶부채비율	93%(2020년 3월)	▶예상배당수익률	3.13%
▶예상PER	51배		

홈페이지: www.digitalrealty.com

2004년에 설립됐으며, 에퀴닉스와 더불어 인터넷 연결 및 데이터센터를 운영하는 큰 기업이다. 전 세계 20개국에서 267개의 데이터센터를 가지고 있다. 주요 고객사로 페이스북, IBM, 오라클, 링크드인, 에퀴닉스 등이 있다.

▶ 최근 12개월 기준 영업이익

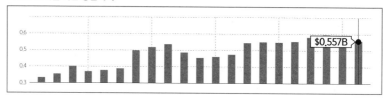

▶ 분기별 영업이익

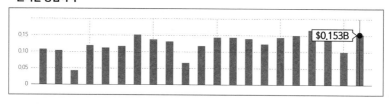

▶ 전년 동분기 대비 성장률

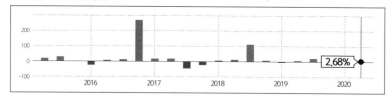

📈 퍼블릭 스토리지 Public Storage(PSA)

➤ **주가**	187.79달러(187,790원)	➤ **시가총액**	330억 달러(33조 원)
➤ **예상매출**	30억 달러(3조 원)	➤ **영업이익률**	52%
➤ **부채비율**	310%(2020년 3월)	➤ **예상배당수익률**	4.26%
➤ **예상PER**	26배		

홈페이지: www.publicstorage.com

1972년에 설립된 개인 저장 공간을 임대해주는 부동산투자신탁(REIT) 기업이다. 기업이
나 개인에게 창고를 월 단위, 분기 단위로 임대해준다. 미국, 캐나다, 유럽 등에 2,800개 이
상의 저장소를 보유하고 있다.

➤ **최근 12개월 기준 영업이익**

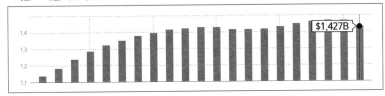

➤ **분기별 영업이익**

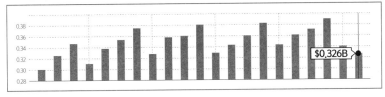

➤ **전년 동분기 대비 성장률**

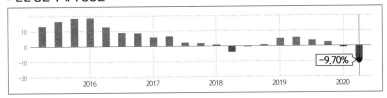

코스타 그룹 CoStar Group, Inc.(CSGP)

➤ 주가	706.70달러(706,700원)	**➤ 시가총액**	280억 달러(28조 원)
➤ 예상매출	15억 달러(1조 5,000억 원)	**➤ 영업이익률**	24%
➤ 부채비율	35%(2020년 3월)	**➤ 예상배당수익률**	0%
➤ 예상PER	86배		

홈페이지: www.costargroup.com

1987년에 설립되어 1998년 나스닥에 상장된, 부동산 정보를 제공하는 기업이다. 미국, 캐나다, 영국, 프랑스, 독일 및 스페인의 부동산 업계에 정보, 분석 및 마케팅 서비스를 제공한다. 또한 온라인 거래가 가장 활발한 상업용 부동산 웹사이트 LoopNet을 보유하고 있다.

➤ 최근 12개월 기준 영업이익

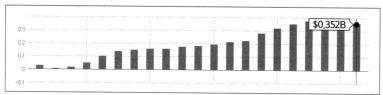

➤ 분기별 영업이익

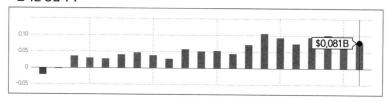

➤ 전년 동분기 대비 성장률

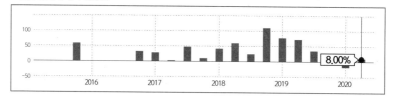

📈 아발론베이 AvalonBay Communities, Inc.(AVB)

▶ **주가**	149.56달러(149,560원)	▶ **시가총액**	210억 달러(21조 원)
▶ **예상매출**	24억 달러(2조 4,000억 원)	▶ **영업이익률**	35%
▶ **부채비율**	82%(2020년 3월)	▶ **예상배당수익률**	4.25%
▶ **예상PER**	27배		

홈페이지: www.avalonbay.com

1998년 아발론 자산 주식회사와 베이 아파트 커뮤니티 주식회사의 합병으로 설립됐다. 2020년 1월 기준 7만 9,636개의 아파트를 소유하고 있는 부동산투자신탁 기업이다. 주로 뉴 잉글랜드, 뉴욕 메트로폴리탄 지역, 워싱턴DC, 시애틀, 캘리포니아에 포진되어 있다. 미국에서 세 번째로 많은 아파트를 소유하고 있다.

▶ **최근 12개월 기준 영업이익**

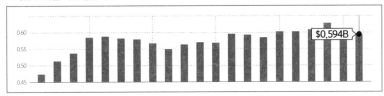

▶ **분기별 영업이익**

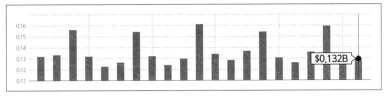

▶ **전년 동분기 대비 성장률**

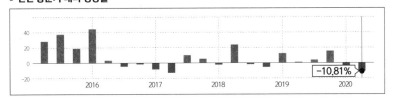

⩕⩕ 에쿼티 레지덴셜 **Equity Residential(EQR)**

➤ 주가	55.17달러(55,170원)	➤ 시가총액	210억 달러(21조 원)
➤ 예상매출	30억 달러(3조 원)	➤ 영업이익률	34%
➤ 부채비율	94%(2020년 3월)	➤ 예상배당수익률	4.42%
➤ 예상PER	18배		

홈페이지: www.equityapartments.com

1969년에 설립된 부동산투자신탁 기업이다. 아파트에 투자하는 기업으로 2019년 기준 7만 9,962개의 아파트를 소유하고 있다. 미국에서 두 번째로 큰 아파트 소유주이며 열 번째로 큰 아파트 관리 기업이기도 하다.

➤ **최근 12개월 기준 영업이익**

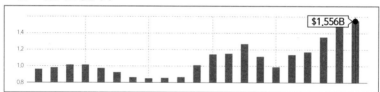

➤ **분기별 영업이익**

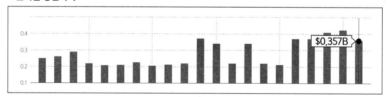

➤ **전년 동분기 대비 성장률**

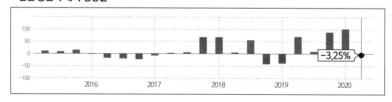

웰타워 Welltower Inc.(WELL)

▶ **주가**	49.30달러(49,300원)	▶ **시가총액**	210억 달러(21조 원)
▶ **예상매출**	50억 달러(5조 원)	▶ **영업이익률**	24%
▶ **부채비율**	93%(2020년 3월)	▶ **예상배당수익률**	4.95%
▶ **예상PER**	16배		

홈페이지: www.welltower.com

1970년에 설립된 부동산투자신탁 기업이다. 주로 노인주거, 생활 보조 및 의료시설 건물에 투자한다. 헬스케어 관련 리츠로는 가장 규모가 크다. 미국·캐나다·영국에서 사업을 영위하고 있고, 1,600여 개 지역의 부동산을 보유하고 있다.

▶ **최근 12개월 기준 영업이익**

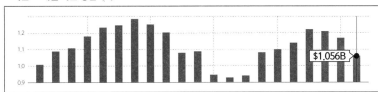

▶ **분기별 영업이익**

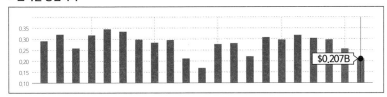

▶ **전년 동분기 대비 성장률**

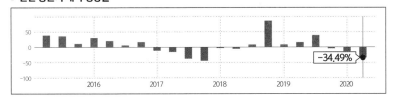

굿맨 그룹 Goodman Group(GMGSF)

▶ 주가	11.23달러(11,230원)	▶ 시가총액	200억 달러(20조 원)
▶ 예상매출	15억 달러(1조 5,000억 원)	▶ 영업이익률	33%
▶ 부채비율	42%(2019년 6월)	▶ 예상배당수익률	1.84%
▶ 예상PER	26배		

홈페이지: www.goodman.com

1989년 산업용 부동산에 초점을 맞춘 개인 자산신탁으로 설립된 호주 기업이다. 주로 부동산을 소유, 개발 및 관리하는 통합된 상업 및 산업 자산 그룹이다. 여기에는 세계 곳곳의 창고, 대규모 물류 시설, 비즈니스 및 사무실 공원 등이 포함된다.

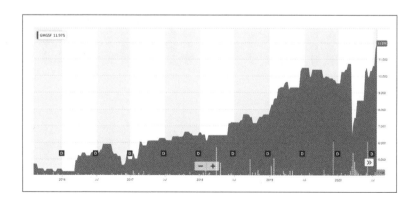

📈 알렉산드리아 리얼 에스테이트 에쿼티즈 Alexandria Real Estate Equities, Inc.(ARE)

▸ **주가**	165.27달러(165,270원)	▸ **시가총액**	210억 달러(21조 원)
▸ **예상매출**	20억 달러(2조 원)	▸ **영업이익률**	27%
▸ **부채비율**	81%(2020년 3월)	▸ **예상배당수익률**	2.57%
▸ **예상PER**	78배		

홈페이지: www.are.com

1994년에 설립된 부동산투자신탁 회사로 생명공학 회사에 실험실과 사무실 공간을 제공한다. 오피스 부동산 파트에서는 보스턴 프로퍼티와 함께 가장 큰 기업이다. 주로 보스턴, 샌프란시스코, 샌디에이고 등에 집중돼 있다. 주요 임차인은 바이오산업 분야의 대형 제약회사(화이자, 사노피, 노바티스 등)와 대학, 미국 정부 등이다.

> **최근 12개월 기준 영업이익**

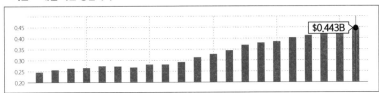

> **분기별 영업이익**

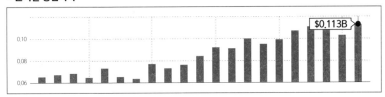

> **전년 동분기 대비 성장률**

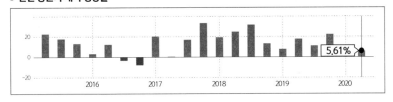

리얼티 인컴 Realty Income Corporation(O)

› 주가	57.38달러(57,380원)	**› 시가총액**	200억 달러(20조 원)
› 예상매출	20억 달러(2조 원)	**› 영업이익률**	50%
› 부채비율	80%(2020년 3월)	**› 예상배당수익률**	4.88%
› 예상PER	39배		

홈페이지: www.realtyincome.com

1969년에 설립된 부동산 전문 회사로 상업용 리츠 부문에서 1위를 차지한다. 2019년 기준 7,483개의 부동산을 가지고 있고 월그린, 세븐일레븐, 월마트, 페덱스 등에 임대하고 있다. 주요 특징으로 배당을 매월 한다는 점이 있다. S&P500지수에 속하는 기업이다.

› 최근 12개월 기준 영업이익

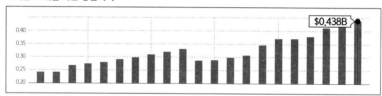

› 분기별 영업이익

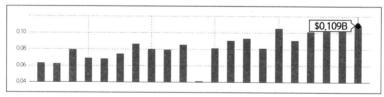

› 전년 동분기 대비 성장률

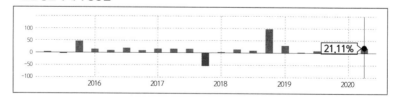

📊 시몬 프로퍼티 그룹 Simon Property Group, Inc.(SPG)

▶ 주가	60.42달러(60,420원)	▶ 시가총액	180억 달러(18조 원)
▶ 예상매출	60억 달러(6조 원)	▶ 영업이익률	50%
▶ 부채비율	1,259%(2020년 3월)	▶ 예상배당수익률	8.61%
▶ 예상PER	9배		

홈페이지: www.simon.com

1993년에 설립된 상업용 부동산 회사로 미국에서 가장 큰 소매 부동산투자신탁(REIT)이
며, 미국에서 가장 큰 쇼핑몰 운영자다. 미국 복합 쇼핑몰로 유명한 루스벨트 필드를 운영
하고 있으며, 국내에서는 신세계와 합작하여 파주·여주·시흥·부산에 프리미엄아울렛을 운
영 중이다. 현재 영국, 스페인, 네덜란드, 일본, 태국, 말레이시아, 멕시코 등으로 사업 지역
을 확장하고 있다.

▶ 최근 12개월 기준 영업이익

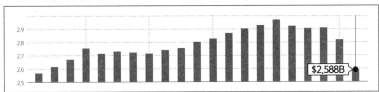

▶ 분기별 영업이익

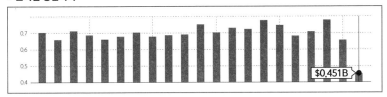

▶ 전년 동분기 대비 성장률

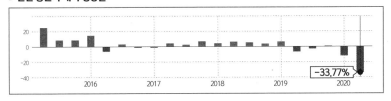

06

생활소비재

Consumer Defensive

月 월마트 Walmart Inc.(WMT)

▶ 주가	131.47달러(131,470원)	▶ 시가총액	3,720억 달러(372조 원)
▶ 예상매출	5,350억 달러(535조 원)	▶ 영업이익률	4%
▶ 부채비율	214%(2020년 4월)	▶ 예상배당수익률	1.63%
▶ 예상PER	25배		

홈페이지: www.stock.walmart.com

1962년 샘 월튼이 설립하여 1969년 월마트로 법인화한 다국적 소매 기업이다. 2020년 7월 기준 세계 27개국에서 56개의 다른 이름으로 운영하는 1만 1,496개의 점포와 클럽을 가지고 있다. 세계에서 가장 큰 식류품 소매 업체로 직원 220만 명을 두고 있으며, 세계에서 가장 큰 기업이기도 하다. 독일과 한국에서는 실패했다.

▶ 최근 12개월 기준 영업이익

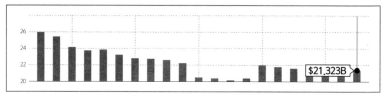

▶ 분기별 영업이익

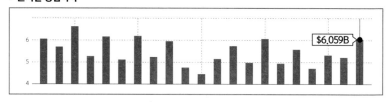

▶ 전년 동분기 대비 성장률

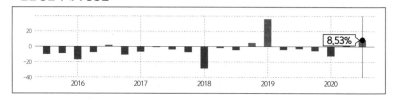

프록터 앤드 갬블 The Procter & Gamble Company(PG)

주가	125.24달러(125,240원)	**시가총액**	3,100억 달러(310조 원)
예상매출	700억 달러(70조 원)	**영업이익률**	23%
부채비율	158%(2020년 3월)	**예상배당수익률**	2.53%
예상PER	67배	**투자 대가**	워런 버핏, 론 바론

홈페이지: www.pginvestor.com

1837년 양초를 만들던 윌리엄 프록터와 비누를 만들던 제임스 갬블이 공동 창업한 회사다. 미국의 생활용품 업체로 소비재 업계의 톱 브랜드이며, 보통 P&G로 불린다. 주요 제품 및 브랜드로 타이드, 페브리즈, 다우니, 위스퍼, 질레트, 오랄비, 아이보리, 브라운 등이 있다.

➤ 최근 12개월 기준 영업이익

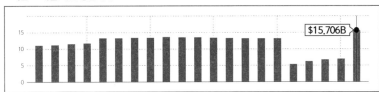

➤ 분기별 영업이익

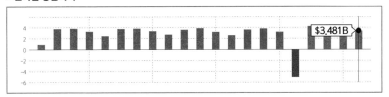

➤ 전년 동분기 대비 성장률

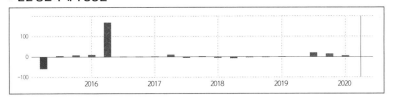

ᴧᴧ 코카콜라 The Coca-Cola Company(KO)

▶ 주가	46.12달러(46,120원)	▶ 시가총액	1,980억 달러(198조 원)
▶ 예상매출	340억 달러(34조 원)	▶ 영업이익률	28%
▶ 부채비율	374%(2020년 3월)	▶ 예상배당수익률	3.47%
▶ 예상PER	20배	▶ 투자 대가	워런 버핏

홈페이지: www.coca-colacompany.com

1886년 미국의 약사 존 스티스 펨버턴이 소화제로 만든 코카콜라 소다수를 에이서 캔들러가 제조·판매에 대한 모든 권리를 사들이면서 1892년 코카콜라 컴퍼니를 설립했다. 이후 판매가 급증하면서 미국을 상징하는 대표적이 청량음료 회사로 성장했다. 콜라 업계 부동의 1위이며, 경쟁사로 펩시콜라가 있다. 전 세계에서 팔지 않는 곳이 없을 정도다. 기타 생산되는 음료로는 환타, 파워에이드, 조지아 커피, 미닛메이드, 스프라이트 등이 있다.

▶ 최근 12개월 기준 영업이익

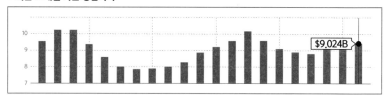

▶ 분기별 영업이익

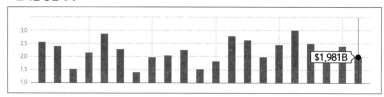

▶ 전년 동분기 대비 성장률

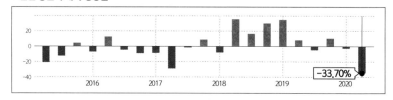

📊 펩시 PepsiCo, Inc.(PEP)

▶ 주가	133.11달러(133,110원)	**▶ 시가총액**	1,860억 달러(186조 원)
▶ 예상매출	680억 달러(68조 원)	**▶ 영업이익률**	15%
▶ 부채비율	615%(2020년 6월)	**▶ 예상배당수익률**	3.04%
▶ 예상PER	27배		

홈페이지: www.pepsico.com

약사 칼렙 브래드햄이 제조해 판매하다 1898년 펩시콜라로 이름을 바꾸었고, 1903년 6월 정식으로 브랜드화하면서 본격적인 판매가 이뤄졌다. 콜라 업계 2등 브랜드로 인식되지만 전체 매출 면에서는 코카콜라를 넘어선 지 오래다. 기타 음료로는 게토레이, 마운틴듀, 미린다, 트로피카나 등이 있다.

▶ 최근 12개월 기준 영업이익

▶ 분기별 영업이익

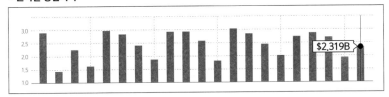

▶ 전년 동분기 대비 성장률

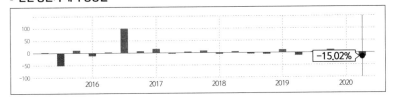

📊 코스트코 Costco Wholesale Corporation(COST)

▶ 주가	326,51달러(326,510원)	**▶ 시가총액**	1,440억 달러(144조 원)
▶ 예상매출	1,610억 달러(161조 원)	**▶ 영업이익률**	3%
▶ 부채비율	201%(2020년 5월)	**▶ 예상배당수익률**	0.85%
▶ 예상PER	39배	**▶ 투자 대가**	워런 버핏, 론 바론

홈페이지: www.costco.com

1983년 코스트코 컴퍼니스라는 이름으로 설립된 회원제 창고형 할인매장 사업체다. 미국에서 월마트 다음으로 규모가 큰 소매 업체이며, 회원제 창고형 할인매장으로는 가장 크다. 한국, 일본, 캐나다, 멕시코 등에서 매장을 운영 중이다. 2001년 온라인 쇼핑몰두 오픈했다.

▶ 최근 12개월 기준 영업이익

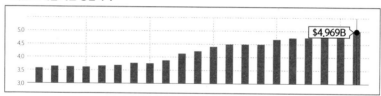

▶ 분기별 영업이익

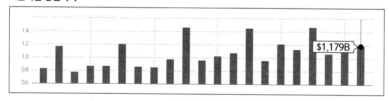

▶ 전년 동분기 대비 성장률

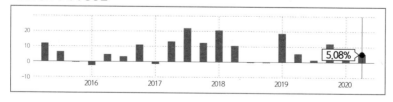

📊 유니레버 The Unilever Group(UL)

▸ 주가	55.27달러(55,270원)	**▸ 시가총액**	1,430억 달러(143조 원)
▸ 예상매출	520억 유로(67조 원)	**▸ 영업이익률**	17%
▸ 부채비율	367%(2019년 12월)	**▸ 예상배당수익률**	3.22%
▸ 예상PER	22배		

홈페이지: www.unilever.com

1929년 영국의 생활유지 기업 레버 브러더스와 네덜란드의 마르하리너 위니가 합병하여 설립한 회사로 생활용품 다국적 기업이다. P&G에 이어 시장 2위를 차지하고 있다. 주요 제품으로는 화장품 폰즈(POND'S)와 비누 도브(Dove)·럭스(Lux), 홍차 립톤(Lipton), 바세린, 아이스크림 매그넘 등이 있다.

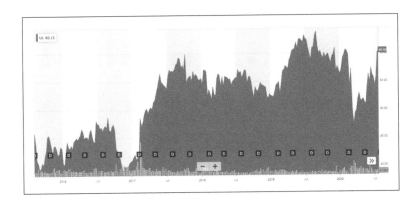

⟨⟨ 필립 모리스 인터내셔널 Philip Morris International Inc.(PM)

❯ 주가	72.89달러(72,890원)	❯ 시가총액	1,130억 달러(113조 원)
❯ 예상매출	300억 달러(30조 원)	❯ 영업이익률	38%
❯ 부채비율	N/A(2020년 3월)	❯ 예상배당수익률	6.42%
❯ 예상PER	15배		

홈페이지: www.pmi.com

'말보로'라는 브랜드로 유명한 담배회사다. 세계에서 가장 큰 담배회사 중 하나로 180개국 이상에서 판매되고 있다. 전 세계 담배 시장의 15% 이상을 점유하고 있다. 2014년 태우지 않고 증기로 흡연할 수 있는 제품 아이코스(IQOS)를 개발하여 판매하고 있다. 고배당 정책으로도 유명한 기업이다.

❯ **최근 12개월 기준 영업이익**

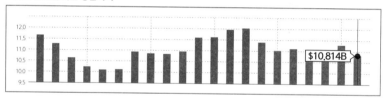

❯ **분기별 영업이익**

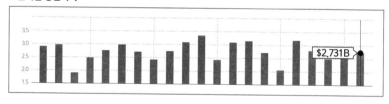

❯ **전년 동분기 대비 성장률**

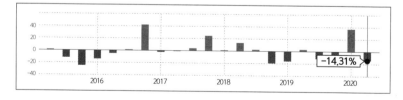

📊 안호이저-부시 인베브 Anheuser-Busch InBev SA/NV(BUD)

▶ **주가**	53.58달러(53,580원)	▶ **시가총액**	1,040억 달러(104조 원)
▶ **예상매출**	510억 달러(51조 원)	▶ **영업이익률**	30%
▶ **부채비율**	180%(2019년 12월)	▶ **예상배당수익률**	2.62%
▶ **예상PER**	32배		

홈페이지: www.ab-inbev.com

1876년 아돌프 부시가 설립했다. 버드와이저 맥주로 유명한 안호이저 부시는 140여 년간 미국을 대표해온 정통 라거맥주 회사다. 2008년 세계적인 맥주 업체인 인베브(InBev)사에 인수되면서 지금의 이름으로 변경했다. 이후 세계 시장으로 진출하면서 오늘날 세계 3대 맥주 브랜드가 됐다.

▶ **최근 12개월 기준 영업이익**

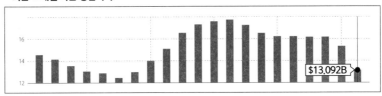

▶ **분기별 영업이익**

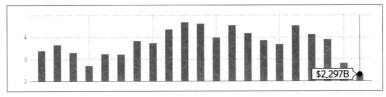

▶ **전년 동분기 대비 성장률**

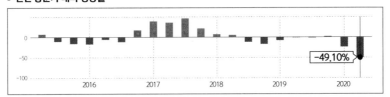

📈 브리티시 아메리칸 토바코 British American Tobacco p.l.c.(BTI)

▸ **주가**	34.68달러(34,680원)	▸ **시가총액**	790억 달러(79조 원)
▸ **예상매출**	258억 파운드(39조 원)	▸ **영업이익률**	36%
▸ **부채비율**	120%(2019년 12월)	▸ **예상배당수익률**	7.64%
▸ **예상PER**	2배		

홈페이지: www.bat.com

영국 런던에 본사를 두고 있는 세계 1위의 담배회사다. 1902년에 설립됐고, 영국 임페리얼 토바코와 미국 아메리칸 토바코가 합작하여 현재의 회사가 됐다. 주요 제품으로 던힐, 켄트, 럭키 스트라이크, 보그, 벤슨&헤지스 등이 있다.

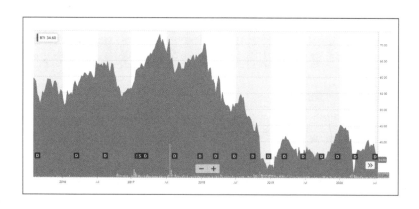

디아지오 Diageo PLC(DEO)

＞ 주가	141.99달러(141,990원)	**＞ 시가총액**	820억 달러(82조 원)
＞ 예상매출	131억 파운드(20조 원)	**＞ 영업이익률**	31%
＞ 부채비율	244%(2019년 12월)	**＞ 예상배당수익률**	1.92%
＞ 예상PER	22배		

홈페이지: www.diageo.com

1997년 기네스 맥주가 그랜드 메트로폴리탄을 인수하면서 설립된 영국의 다국적 회사로 세계 최대 맥주회사 중 하나다. 180개 이상의 국가에서 판매되고 140개 이상의 지역에서 생산한다. 대표 브랜드로 기네스 맥주가 있으며 그 외 제품으로는 조니워커, 윈저, 보드카 스미르노프, J&B, 수정방 등이 있다.

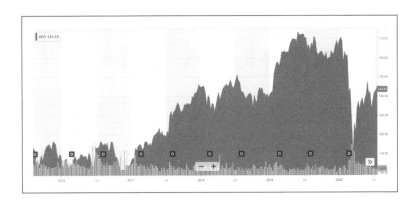

ᴍᵢ 알트리아 그룹 Altria Group, Inc.(MO)

▶ 주가	40.87달러(40,870원)	**▶ 시가총액**	760억 달러(76조 원)
▶ 예상매출	200억 달러(20조 원)	**▶ 영업이익률**	55%
▶ 부채비율	693%(2020년 3월)	**▶ 예상배당수익률**	8.09%
▶ 예상PER	N/A		

홈페이지: www.altria.com

1919년에 설립된 알트리아는 미국에서 가장 큰 담배회사 중 하나다. 2003년 필립 모리스에서 미국 내 사업을 위해 인적분할하면서 지금의 회사명이 됐다. 자회사로 '말보로'를 생산하는 필립 모리스 인터내셔널 USA, 시가와 파이프 담배 제조사인 존 미들턴, 미국 금연담배회사, 전자담배회사 등이 있다. 고배당을 주는 회사로 알려져 있다.

▶ 최근 12개월 기준 영업이익

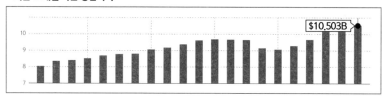

▶ 분기별 영업이익

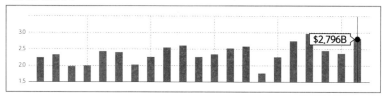

▶ 전년 동분기 대비 성장률

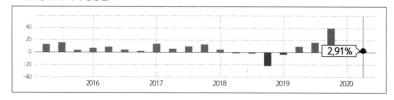

몬델레즈 인터내셔널 Mondelez International, Inc.(MDLZ)

▶ 주가	53.42달러(53,420원)	**▶ 시가총액**	760억 달러(76조 원)
▶ 예상매출	260억 달러(26조 원)	**▶ 영업이익률**	16%
▶ 부채비율	147%(2020년 3월)	**▶ 예상배당수익률**	2.11%
▶ 예상PER	21배	**▶ 투자 대가**	워런 버핏

홈페이지: www.mondelezinternational.com

2012년 크래프트 푸드(Kraft Foods)에서 분사된 미국의 다국적 제과회사다. 160개 국가에서 영업을 하고 있으며 주요 브랜드로는 오레오, 필라델피아 크림치즈, 호올스, 토블론, 리츠 등이 있다.

▶ 최근 12개월 기준 영업이익

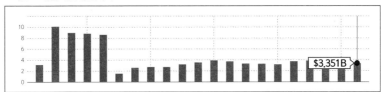

▶ 분기별 영업이익

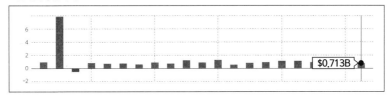

▶ 전년 동분기 대비 성장률

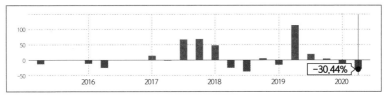

🏔 에스티로더 The Estee Lauder Companies Inc.(EL)

➤ 주가	196.34달러(196,340원)	➤ 시가총액	710억 달러(71조 원)
➤ 예상매출	160억 달러(16조 원)	➤ 영업이익률	17%
➤ 부채비율	321%(2020년 3월)	➤ 예상배당수익률	0%
➤ 예상PER	55배	➤ 투자 대가	론 바론

홈페이지: www.elcompanies.com

1946년 에스티 로더와 그녀의 남편 조지프 로더가 설립한 화장품 전문 회사로 세계적인 화장품 그룹이 됐다. 주요 브랜드로 크리니크, 오리진스, 조 말론 런던, 에스티로더, Dr. Jart+, LAB 시리즈 등이 있다. 1995년 11월에 뉴욕증권거래소에 상장했다.

➤ **최근 12개월 기준 영업이익**

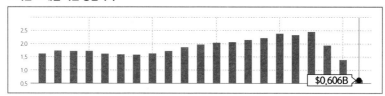

➤ **분기별 영업이익**

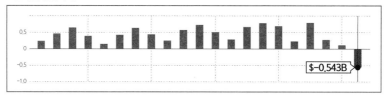

➤ **전년 동분기 대비 성장률**

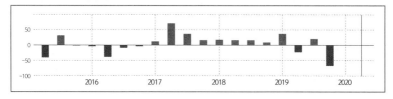

콜게이트-파몰리브 Colgate-Palmolive Company(CL)

▶ 주가	74.20달러(74,200원)	▶ 시가총액	640억 달러(64조 원)
▶ 예상매출	16억 달러(1조 6,000억 원)	▶ 영업이익률	23%
▶ 부채비율	4,319%(2020년 3월)	▶ 예상배당수익률	2.38%
▶ 예상PER	25배		

홈페이지: www.colgatepalmolive.com

1806년 윌리엄 콜게이트가 설립한 회사로 치약·칫솔 등의 구강 제품과 목욕용품, 주방용품, 애견사료 등을 판매하는 소비재 제품 회사다. 1928년 비누 제조 업체인 파몰리브가 인수하여 1953년 지금의 사명으로 변경됐다. P&G와 생활용품에서 경쟁하고 있다. 현재 200여 개 국가에서 판매하고 있으며, 125년 동안 배당을 해온 회사로도 유명하다.

▶ 최근 12개월 기준 영업이익

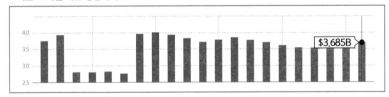

▶ 분기별 영업이익

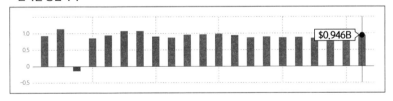

▶ 전년 동분기 대비 성장률

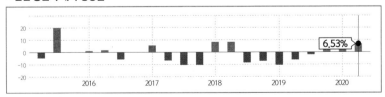

📊 타깃 **Target Corporation(TGT)**

➤ 주가	119.82달러(119,820원)	**➤ 시가총액**	600억 달러(60조 원)
➤ 예상매출	800억 달러(80조 원)	**➤ 영업이익률**	5%
➤ 부채비율	301%(2020년 4월)	**➤ 예상배당수익률**	2.26%
➤ 예상PER	22배		

홈페이지: investors.target.com

1902년 조지 데이턴이 설립한 미국의 종합 유통 업체다. 가공식품, 일용잡화, 가구, 옷, 전자제품 등을 취급하는 대형 할인점으로 월마트, 코스트코 등과 경쟁 관계다. 2018년 기준 미국에 1,880개의 매장과 42개의 유통 센터를 보유하고 있다. 타깃닷컴(Target.com)이라는 온라인 쇼핑몰도 운영 중이다.

➤ 최근 12개월 기준 영업이익

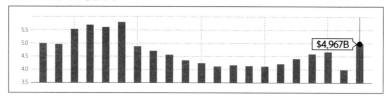

➤ 분기별 영업이익

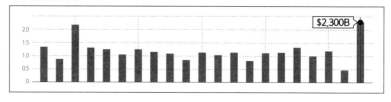

➤ 전년 동분기 대비 성장률

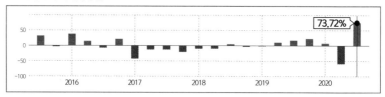

᝟ 킴벌리-클라크 Kimberly-Clark Corporation(KMB)

➤ **주가**	142.69달러(142,690원)	➤ **시가총액**	490억 달러(49조 원)
➤ **예상매출**	190억 달러(19조 원)	➤ **영업이익률**	18%
➤ **부채비율**	33,980%(2020년 3월)	➤ **예상배당수익률**	2.98%
➤ **예상PER**	21배		

홈페이지: www.kimberly-clark.com

1872년 존 A. 킴벌리가 설립한 회사로 위생 종이 제품과 외과 의료 기기를 생산한다. 대표적인 제품으로 크리넥스 티슈, 여성용품 코텍스, 기저귀 하기스, 성인용 기저귀 디펜드 등이 있다. 1970년 유한양행과 합작으로 유한킴벌리를 설립했다. 2000년에 타이완의 S-K주식회사를 인수하면서 킴벌리-클라크를 타이완에서 가장 큰 포장 상품 제조 업체 중 하나로 만들었다.

➤ **최근 12개월 기준 영업이익**

➤ **분기별 영업이익**

➤ **전년 동분기 대비 성장률**

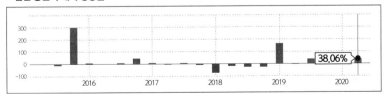

📊 달러 제너럴 Dollar General Corporation(DG)

▸ **주가**	192.77달러(192,770원)	▸ **시가총액**	490억 달러(49조 원)
▸ **예상매출**	300억 달러(30조 원)	▸ **영업이익률**	9%
▸ **부채비율**	245%(2020년 4월)	▸ **예상배당수익률**	0.75%
▸ **예상PER**	25배		

홈페이지: www.dollargeneral.com

1939년에 설립됐으며, 잡화점으로 시작해 1달러가 넘지 않는 물건들만 판매하는 콘셉트의 달러 제너럴 상점으로 자리 잡았다. 이후 회사가 성장하면서 다양한 제품을 판매하는 종합 유통 업체가 됐다. 달러 제너럴은 자사 브랜드 제품들도 개발하여 판매하고 있다. 2020년 1월 기준 미국 내에서 1만 6,278개의 매장을 운영하고 있다.

▸ 최근 12개월 기준 영업이익

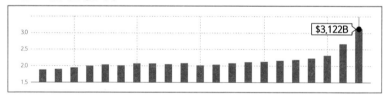

▸ 분기별 영업이익

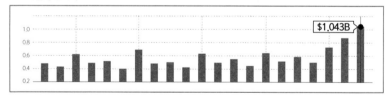

▸ 전년 동분기 대비 성장률

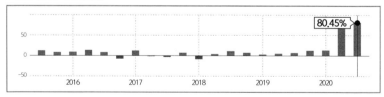

큐리그 닥터 페퍼 Keurig Dr Pepper Inc.(KDP)

▶ 주가	29.77달러(29,770원)	▶ 시가총액	420억 달러(42조 원)
▶ 예상매출	110억 달러(11조 원)	▶ 영업이익률	23%
▶ 부채비율	116%(2020년 3월)	▶ 예상배당수익률	2.01%
▶ 예상PER	36배		

홈페이지: www.keurigdrpepper.com

1981년에 설립된 커피회사 그린 마운틴 커피 로스터(Green Mountain Coffee Roaster)
가 2018년 7월 탄산음료로 유명한 닥터 페퍼 제조사인 닥터 페퍼 스내플 그룹을 인수하면
서 현재 명칭인 큐리그 닥터 페퍼가 됐다. 미국 3대 음료 업체인 닥터 페퍼 스내플과 4위 커
피 업체의 결합으로 이슈가 됐었다. 주요 제품은 그린 마운틴 커피, 닥터 페퍼 스내플, 7up,
슈웹스, 에비앙, 선키스트 등이 있고 캡슐 커피머신도 판매하고 있다.

▶ **최근 12개월 기준 영업이익**

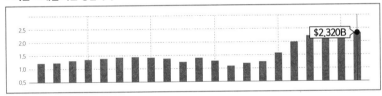

▶ **분기별 영업이익**

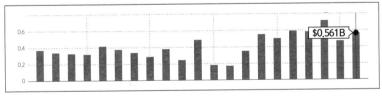

▶ **전년 동분기 대비 성장률**

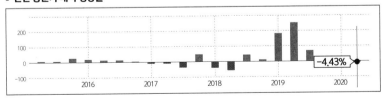

크래프트 하인즈 The Kraft Heinz Company(KHC)

주가	34.12달러(34,120원)	**시가총액**	420억 달러(42조 원)
예상매출	250억 달러(25조 원)	**영업이익률**	21%
부채비율	104%(2020년 3월)	**예상배당수익률**	4.63%
예상PER	22배	**투자 대가**	워런 버핏

홈페이지: www.kraftheinzcompany.com

케첩으로 유명한 식료품 기업인 하인즈와 치즈로 유명한 크래프트 푸드가 합병하면서 크래프트 하인즈가 되었다. 북미 3위의 식품 및 음료 회사이며 세계에서 다섯 번째로 큰 기업이다. 주요 제품 및 브랜드로 케첩, 마요네즈, 각종 소스류, 카프리썬, 클라시코, 맥스웰하우스 등이 있다. 워런 버핏이 투자한 회사로도 유명하다.

➤ 최근 12개월 기준 영업이익

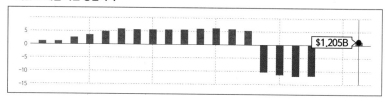

➤ 분기별 영업이익

➤ 전년 동분기 대비 성장률

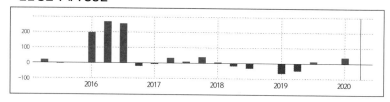

📊 제너럴 밀스 General Mills, Inc.(GIS)

▸ **주가**	63.64달러(63,640원)	▸ **시가총액**	390억 달러(39조 원)
▸ **예상매출**	180억 달러(18조 원)	▸ **영업이익률**	18%
▸ **부채비율**	269%(2020년 5월)	▸ **예상배당수익률**	3.04%
▸ **예상PER**	18배		

홈페이지: www.generalmills.com

미국의 식품 가공 업체인 제너럴 밀스는 패키지 식사, 시리얼, 스낵, 베이킹 믹스, 요구르트 등 다양한 제품을 판매하는 기업이다. 2018년 애완동물 사료 브랜드인 블루 버팔로를 인수하여 펫 푸드 영역으로까지 사업을 확장했다. 「포천」 선정 500대 기업에 포함되는 큰 회사다. 잘 알려진 브랜드로는 시리얼 치리오스(Cheerios), 스낵 네이처 밸리(Nature Valley), 아이스크림 브랜드 하겐다즈(Haagen-Dazs) 등이 있다.

▸ **최근 12개월 기준 영업이익**

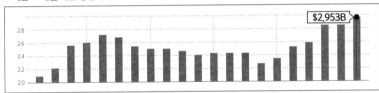

▸ **분기별 영업이익**

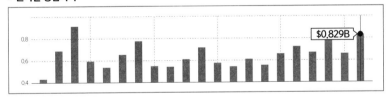

▸ **전년 동분기 대비 성장률**

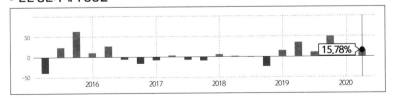

📈 몬스터 베버리지 Monster Beverage Corporation(MNST)

▶ **주가**	73.87달러(73,870원)	▶ **시가총액**	390억 달러(39조 원)
▶ **예상매출**	43억 달러(4조 3,000억 원)	▶ **영업이익률**	34%
▶ **부채비율**	26%(2020년 3월)	▶ **예상배당수익률**	0%
▶ **예상PER**	36배		

홈페이지: www.monsterbevcorp.com

레드불과 함께 에너지 음료 시장에서 높은 점유율을 가지고 있는 몬스터 음료를 만드는 회사다. 139개국에서 판매되고 있으며, 2019년 기준 미국 내 에너지 드링크 시장점유율 1위를 기록했다. 몬스터 베버리지는 몬스터 시리즈 외에 다양한 형태의 에너지 드링크 브랜드를 개발, 판매, 유통하고 있다.

▶ **최근 12개월 기준 영업이익**

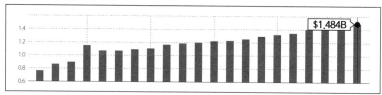

$1.484B

▶ **분기별 영업이익**

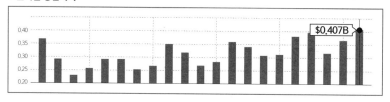

$0.407B

▶ **전년 동분기 대비 성장률**

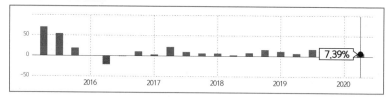

7.39%

07

헬스케어
Healthcare

📈 존슨 앤드 존슨 Johnson & Johnson(JNJ)

▶ **주가**	149.60달러(149,600원)	▶ **시가총액**	3,940억 달러(394조 원)
▶ **예상매출**	810억 달러(81조 원)	▶ **영업이익률**	25%
▶ **부채비율**	153%(2020년 3월)	▶ **예상배당수익률**	2.7%
▶ **예상PER**	26배	▶ **투자 대가**	워런 버핏

홈페이지: www.jnj.com

미국의 제약회사로, 1885년 존슨 3형제가 설립했다. 우리에게 친숙한 브랜드인 존슨즈베이비, 두통약 타이레놀, 피부미용 제품인 뉴트로지나, 콘택트렌즈 아큐브, 구강 제품인 리스테린 등이 있다. 세계 1, 2위 규모의 대형 제약사로 전 세계 시가총액 10위 안에 든다. 다우 30지수에 포함되어 있으며, S&P500지수 구성 종목이다.

▶ 최근 12개월 기준 영업이익

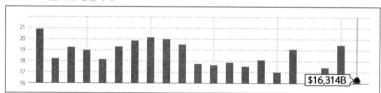

▶ 분기별 영업이익

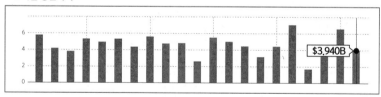

▶ 전년 동분기 대비 성장률

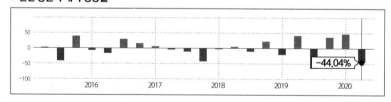

유나이티드헬스 그룹 UnitedHealth Group Incorporated(UNH)

❯ **주가**	303.46달러(303,460원)	❯ **시가총액**	2,880억 달러(288조 원)
❯ **예상매출**	2,480억 달러(248조 원)	❯ **영업이익률**	10%
❯ **부채비율**	189%(2020년 6월)	❯ **예상배당수익률**	1.64%
❯ **예상PER**	17배	❯ **투자 대가**	데이비드 테퍼, 론 바론

홈페이지: www.unitedhealthgroup.com

1977년에 설립된 의료 서비스 기업이다. 헬스케어 분야의 선두주자이며 미국 최대의 보험 회사다. 유나이티드헬스케어, 오베이션, 유니프라이즈, 스페셜라이즈드 케어 서비스, 인제닉스 등 총 5개의 사업부가 다양한 건강관리 서비스를 제공한다. 미국 내 40개 이상의 주요 거점에 건강 시스템 조직을 운영하고 있다. 2020년 「포천」 선정 500대 기업에서 7위를 차지했다.

❯ 최근 12개월 기준 영업이익

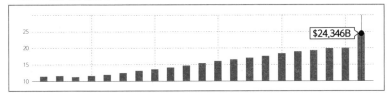

❯ 분기별 영업이익

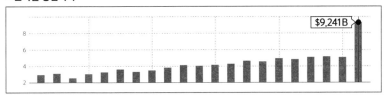

❯ 전년 동분기 대비 성장률

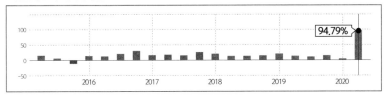

📶 노바티스 Novartis AG(NVS)

주가	88.01달러(88,010원)	**시가총액**	2,000억 달러(200조 원)
예상매출	500억 달러(50조 원)	**영업이익률**	27%
부채비율	130%(2020년 6월)	**예상배당수익률**	3.51%
예상PER	17배		

홈페이지: www.novartis.com

1996년 치바가이기와 산도츠의 합병으로 설립된 다국적 제약회사다. 디클로페낙(볼타렌), 발사르탄(디오반), 이매티닙(글리벡), 카바마제핀(테그레톨), 클로자핀(클로자릴), 테르비나핀(라미실), 사이클로스포린(산디문) 등의 다양한 약품을 생산한다.

> **최근 12개월 기준 영업이익**

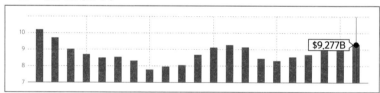

> **분기별 영업이익**

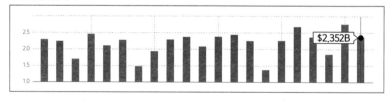

> **전년 동분기 대비 성장률**

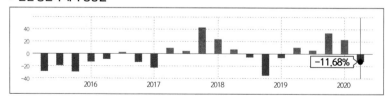

머크 앤드 컴퍼니 Merck & Co., Inc.(MRK)

▶ 주가	79.41달러(79,410원)	**▶ 시가총액**	2,000억 달러(200조 원)
▶ 예상매출	480억 달러(48조 원)	**▶ 영업이익률**	33%
▶ 부채비율	223%(2020년 3월)	**▶ 예상배당수익률**	3.09%
▶ 예상PER	20배	**▶ 투자 대가**	론 바론

홈페이지: www.merck.com

면역 항암제, 에볼라 바이러스 백신 등을 개발·생산하는 미국의 대형 제약회사다. 다우30 지수와 S&P500지수에 편입돼 있으며 '톱 5' 안에 드는 제약회사다. 자궁경부암 백신 가다실, 당뇨 치료제 자누비아 등 다양한 의약품을 보유하고 있다.

▶ 최근 12개월 기준 영업이익

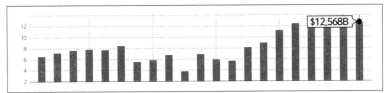

▶ 분기별 영업이익

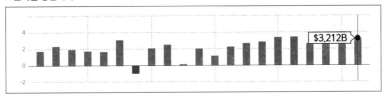

▶ 전년 동분기 대비 성장률

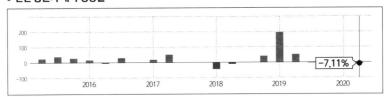

📈 화이자 Pfizer Inc.(PFE)

▶ 주가	36.50달러(36,500원)	▶ 시가총액	2,030억 달러(203조 원)
▶ 예상매출	510억 달러(51조 원)	▶ 영업이익률	29%
▶ 부채비율	155%(2020년 3월)	▶ 예상배당수익률	4.14%
▶ 예상PER	13배		

홈페이지: www.pfizer.com

1849년 찰스 화이자와 찰스 에르하르트가 화학회사 찰스 화이자 앤드 컴퍼니를 세우면서 시작했다. 세계 최초로 구연산을 개발하면서 크게 성장했다. 이후 1998년 발기부전 치료제 비아그라를 개발하면서 전 세계 성 기능 장애 의약품 판매 시장에서 점유율 92%를 차지했다. 다우30과 S&P500지수에 포함되는 대형 제약사로 미국 내 1, 2위를 차지하고 있다.

▶ **최근 12개월 기준 영업이익**

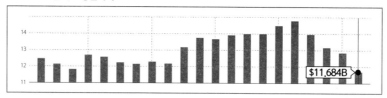

▶ **분기별 영업이익**

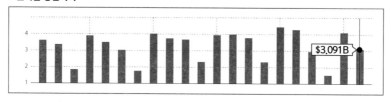

▶ **전년 동분기 대비 성장률**

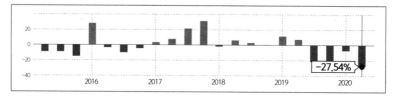

애브비 AbbVie Inc.(ABBV)

▶ **주가**	99.54달러(99,540원)	▶ **시가총액**	1,750억 달러(175조 원)
▶ **예상매출**	340억 달러(34조 원)	▶ **영업이익률**	41%
▶ **부채비율**	N/A(2020년 3월)	▶ **예상배당수익률**	4.83%
▶ **예상PER**	18배		

홈페이지: www.abbvie.com

2011년 애봇 랩(Abbott Laboratories)에서 분리해 설립한 제약회사다. 제약 분야의 다양한 회사를 인수·합병하여 관절염·크론병 등 면역, 파킨슨병·알츠하이머병 등 뇌과학, 종양, 바이러스 등 다양한 부분의 신약을 개발 중이다. 근래에는 코로나바이러스 관련, 환자의 면역 반응 감소를 통해 증상을 완화할 수 있는 임브루비카(Imbruvica) 제품의 개발에 착수했다.

▶ **최근 12개월 기준 영업이익**

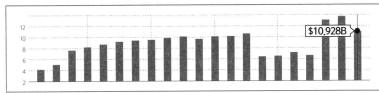

▶ **분기별 영업이익**

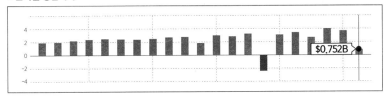

▶ **전년 동분기 대비 성장률**

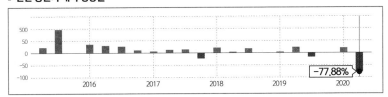

애봇 랩 Abbott Laboratories(ABT)

▶ 주가	99.08달러(99,080원)	**▶ 시가총액**	1,750억 달러(175조 원)
▶ 예상매출	320억 달러(32조 원)	**▶ 영업이익률**	14%
▶ 부채비율	120%(2020년 3월)	**▶ 예상배당수익률**	1.47%
▶ 예상PER	57배	**▶ 투자 대가**	론 바론

홈페이지: www.abbott.com

1888년에 설립되어 다국적 기업으로 성장했으며 의료 장비, 진단 장비, 건강 제품 등을 생산하고 있다. 「포천」 선정 500대 기업에 속하며 유아식 씨밀락 분유, 영양제 엔슈어, 에이즈 치료제인 노르비어 등이 유명하다.

▶ 최근 12개월 기준 영업이익

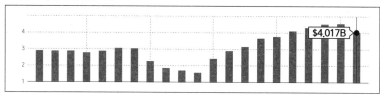

▶ 분기별 영업이익

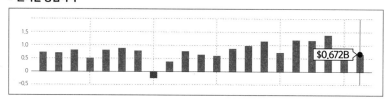

▶ 전년 동분기 대비 성장률

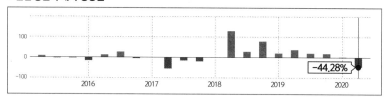

📈 일라이 릴리 앤드 컴퍼니 Eli Lilly and Company(LLY)

▸ 주가	167.04달러(167,040원)	▸ 시가총액	1,600억 달러(160조 원)
▸ 예상매출	230억 달러(23조 원)	▸ 영업이익률	28%
▸ 부채비율	1,186%(2020년 3월)	▸ 예상배당수익률	1.79%
▸ 예상PER	28배		

홈페이지: www.lilly.com

「포천」 선정 500대 기업 중 하나로 세계 최초로 재조합 DNA를 사용하여 인슐린을 대량 생산한 회사 중 하나다. 현재 정신질환 관련 의약품으론 가장 거대한 제약회사로 손꼽힌다. 대표 상품으로는 항우울제인 프로작(Prozac), 심발타(Cymbalta) 및 정신분열증 치료제인 자이프렉사(Zyprexa) 등이 유명하다. 또한 성 기능 치료제인 시알리스도 생산하고 있다.

▸ 최근 12개월 기준 영업이익

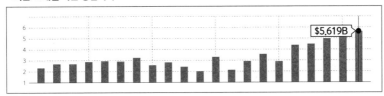

▸ 분기별 영업이익

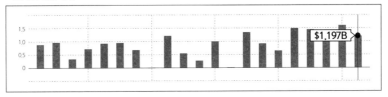

▸ 전년 동분기 대비 성장률

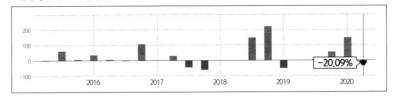

⩗ 노보 노디스크 Novo Nordisk A/S(NVO)

➤ 주가	68.46달러(68,460원)	**➤ 시가총액**	1,550억 달러(155조 원)
➤ 예상매출	1,266억 크로네(23조 원)	**➤ 영업이익률**	43%
➤ 부채비율	132%(2020년 3월)	**➤ 예상배당수익률**	2.28%
➤ 예상PER	28배		

홈페이지: www.novonordisk.com

덴마크에 본사를 둔 다국적 제약 기업으로 당뇨병 치료제 및 의료 기기에 특화되어 있다.
세계 최대의 인슐린 생산 업체다. 또한 성장 호르몬 치료법, 호르몬 대체 치료법 등에 강점
이 있다.

➤ 최근 12개월 기준 영업이익

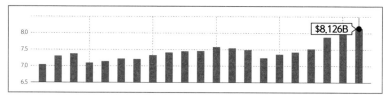

➤ 분기별 영업이익

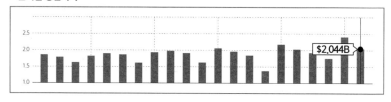

➤ 전년 동분기 대비 성장률

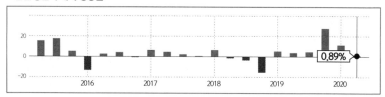

써모 피셔 사이언티픽 Thermo Fisher Scientific Inc.(TMO)

➤주가	402.97달러(402,970원)	➤시가총액	1,590억 달러(159조 원)
➤예상매출	260억 달러(26조 원)	➤영업이익률	17%
➤부채비율	105%(2020년 3월)	➤예상배당수익률	0.22%
➤예상PER	44배	➤투자 대가	론 바론

홈페이지: www.thermofisher.com

2006년 써모 일렉트론과 피셔 사이언티픽이 합병하여 만든 회사로 의학 연구 기기, 시약, 소모재 등을 생산한다. 「포천」 선정 500대 기업 중 하나이며 2020년 3월 코로나 사태에 대응하기 위해 FDA로부터 SARS-COV-2 테스트에 대한 긴급 승인을 받은 바 있다.

➤ **최근 12개월 기준 영업이익**

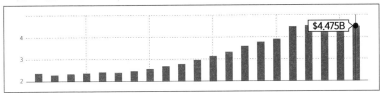

➤ **분기별 영업이익**

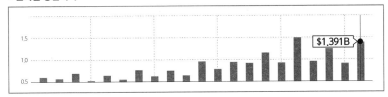

➤ **전년 동분기 대비 성장률**

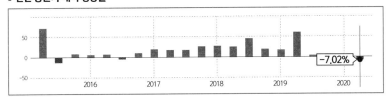

📈 암젠 Amgen Inc.(AMGN)

▶ **주가**	260.95달러(260,950원)	▶ **시가총액**	1,535억 300만 달러 (153조 5,030억 원)	
▶ **예상매출**	240억 달러(24조 원)	▶ **영업이익률**	40%	
▶ **부채비율**	550%(2020년 3월)	▶ **예상배당수익률**	2.45%	
▶ **예상PER**	20.43배			

홈페이지: www.amgen.com

암젠은 응용 분자 유전학(Applied Molecular Genetics)의 약자로 유전자 재조합 기술에 기반한 분자 생물 및 생화학 분야에 집중하고 있는 생명과학 분야의 강자다. 항암 치료에서 감염을 예방하는 데 사용하는 뉴라스타, 류머티즘성 관절염이나 자가면역 질병 치료에 사용하는 엔브렐 등을 많이 판매하고 있다.

▶ 최근 12개월 기준 영업이익

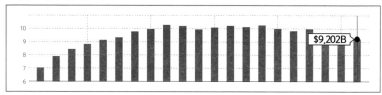

$9,202B

▶ 분기별 영업이익

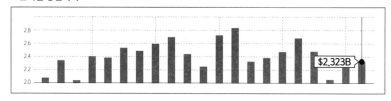

$2,323B

▶ 전년 동분기 대비 성장률

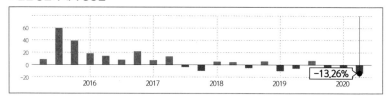

−13.26%

📊 아스트라제네카 AstraZeneca PLC(AZN)

▶ 주가	58.68달러(58,680원)	▶ 시가총액	1,454억 1,300만 달러 (145조 4,130억 원)
▶ 예상매출	250억 달러(25조 원)	▶ 영업이익률	14%
▶ 부채비율	368%(2020년 3월)	▶ 예상배당수익률	2.29%
▶ 예상PER	101.43배	▶ 투자 대가	론 바론

홈페이지: www.astrazeneca.com

1999년 스웨덴 회사인 아스트라 AB와 영국 기업인 제네카 그룹이 합병하여 탄생한 회사다. 암, 심혈관, 위장, 뇌과학, 전염, 호흡기, 염증 치료 등 여러 분야에 걸쳐 생산 라인을 가지고 있다.

▶ 최근 12개월 기준 영업이익

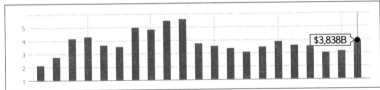

▶ 분기별 영업이익

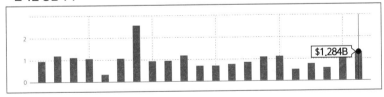

▶ 전년 동분기 대비 성장률

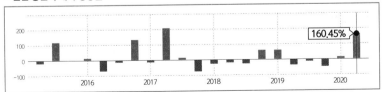

ⅲⅱ 브리스톨 마이어스 스큅 Bristol-Myers Squibb Company(BMY)

▶ 주가	59.46달러(59,460원)	▶ 시가총액	1,345억 4,000만 달러 (134조 5,400억 원)
▶ 예상매출	310억 달러(31조 원)	▶ 영업이익률	25%
▶ 부채비율	159%(2020년 3월)	▶ 예상배당수익률	3.03%
▶ 예상PER	115.91배	▶ 투자 대가	세스 클라먼

홈페이지: www.bms.com

1887년에 설립된 브리스톨 마이어스와 1858년 세워진 스큅이 1989년 합병하여 탄생한 회사다. 암, 에이즈, 심혈관 질병, 당뇨병, 류머티즘성 관절염, 정신질환 등 여러 부분에서 처방약 등을 제조하고 있으며 특히 중증 질환에 집중하고 있다. 실제 매출 역시 중증 질환과 관련한 5가지 제품에서 대부분이 발생하고 있다.

▶ 최근 12개월 기준 영업이익

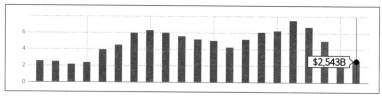

▶ 분기별 영업이익

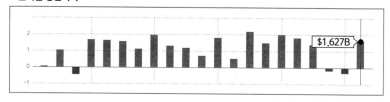

▶ 전년 동분기 대비 성장률

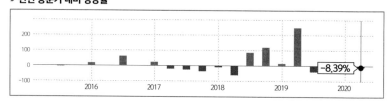

사노피 Sanofi(SNY)

▸ 주가	53.77달러(53,770원)	▸ 시가총액	1,352억 4,300만 달러 (135조 2,430억 원)
▸ 예상매출	380억 유로(50조 원)	▸ 영업이익률	0%
▸ 부채비율	91%(2019년 12월)	▸ 예상배당수익률	3.16%
▸ 예상PER	27.72배	▸ 투자 대가	론 바론

홈페이지: www.sanofi.com

프랑스 파리에 본사를 둔 다국적 제약회사로 처방약 분야에 강점을 가지고 있다. 「포브스」에 따르면 2019년 기준 전 세계 5대 제약회사 중 하나다. 동사 제품은 심혈관·중추신경계·당뇨·종양·혈전·백신 등을 망라하며, 자회사 사노피 파스퇴르는 전 세계적으로 황열 백신 4대 제조사 중 하나다.

▸ 최근 12개월 기준 영업이익

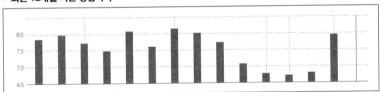

▸ 분기별 영업이익

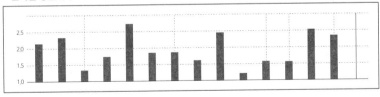

▸ 전년 동분기 대비 성장률

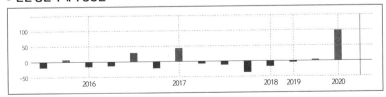

ᐁᐁ 다나허 **Danaher Corporation(DHR)**

➤ **주가**	193.37달러(193,370원)	➤ **시가총액**	1,367억 1,600만 달러 (136조 7,160억 원)
➤ **예상매출**	180억 달러(18조 원)	➤ **영업이익률**	18%
➤ **부채비율**	122%(2020년 3월)	➤ **예상배당수익률**	0.37%
➤ **예상PER**	43.83배	➤ **투자 대가**	론 바론

홈페이지: www.danaher.com

다나허 코퍼레이션은 전문가용, 의료용, 산업 및 상업용 제품과 서비스를 설계, 제조 및 판매하는 의료회사다. 생명과학 분야, 진단 분야 및 환경 & 응용 솔루션 분야에서 30여 개의 자회사를 거느린 복합 기업이다.

➤ **최근 12개월 기준 영업이익**

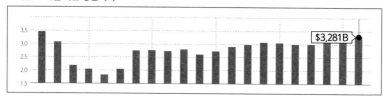

➤ **분기별 영업이익**

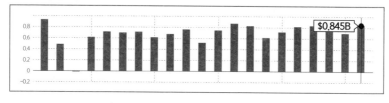

➤ **전년 동분기 대비 성장률**

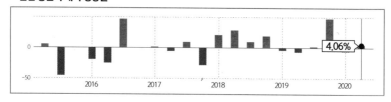

메드트로닉 Medtronic PLC(MDT)

▶ **주가**	95.73달러(95,730원)	▶ **시가총액**	1,284억 300만 달러 (128조 4,030억 원)
▶ **예상매출**	290억 달러(29조 원)	▶ **영업이익률**	18%
▶ **부채비율**	78%(2020년 4월)	▶ **예상배당수익률**	2.35%
▶ **예상PER**	27.04배		

홈페이지: www.medtronic.com

2017년 수익 기준 의료 기기 분야에서 존슨 앤드 존슨의 자회사인 데푸이 신써스를 제치고 전 세계 1위를 기록한 회사다. 70여 년 전 배터리식 심박 조율기를 만든 것을 시작으로 현재는 로봇공학을 응용하여 척추, 인슐린 펌프 등 첨단 의료 장비를 생산하고 있다.

▶ 최근 12개월 기준 영업이익

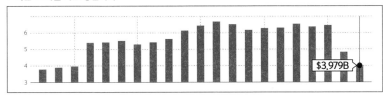

▶ 분기별 영업이익

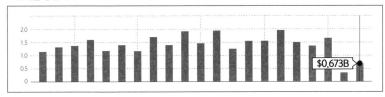

▶ 전년 동분기 대비 성장률

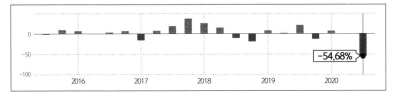

📊 글락소스미스클라인 GlaxoSmithKline PLC(GSK)

▶ 주가	41.58달러(41,580원)	**▶ 시가총액**	1,040억 1,200만 달러 (104조 120억 원)
▶ 예상매출	350억 파운드(53조 원)	**▶ 영업이익률**	0%
▶ 부채비율	320%(2020년 3월)	**▶ 예상배당수익률**	4.51%
▶ 예상PER	41.92배		

홈페이지: www.gsk.com

2000년 글락소 웰컴과 스미스클라인 비챔이 합병하여 만들어진 회사로 영국 브렌트퍼드에 본사가 있다. 2019년 「포브스」 선정 500대 기업에 속하며 10대 제약회사 중 하나로 손꼽힌다. 세계 최초로 인증받은 말라리아 백신인 RTS,S[제품명 모스퀴릭스(Mosquirix)]를 개발했으며 WHO에서 지정한 필수 의약품 목록에 지정된 항균제 아목시실린, 종양 치료제 머캅토퓨린, 항말라리아제 피리메타민, 항에이즈제인 지도부딘 등을 개발했다.

▶ 최근 12개월 기준 영업이익

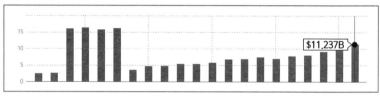

▶ 분기별 영업이익

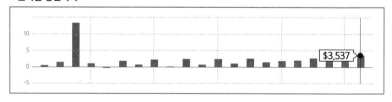

▶ 전년 동분기 대비 성장률

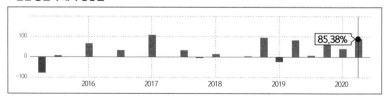

길리어드 사이언스 Gilead Sciences, Inc.(GILD)

▶ 주가	78.08달러(78,080원)	▶ 시가총액	979억 4,100만 달러 (97조 9,410원)
▶ 예상매출	230억 달러(23조 원)	▶ 영업이익률	23%
▶ 부채비율	169%(2020년 3월)	▶ 예상배당수익률	3.48%
▶ 예상PER	N/A	▶ 투자 대가	파나수스

홈페이지: www.gilead.com

나스닥 생명과학지수 및 S&P500에 포함된 회사로 1996년 인플루엔자에 대항하는 항바이러스제 타미플루를 개발하면서 급성장했다. 에이즈, 헤파티스, 인플루엔자 항바이러스성 의약품 개발에 초점을 두고 있다.

▶ 최근 12개월 기준 영업이익

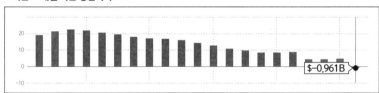

▶ 분기별 영업이익

▶ 전년 동분기 대비 성장률

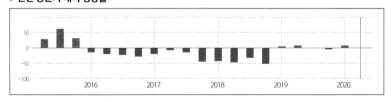

📊 CVS 헬스 코퍼레이션 CVS Health Corporation(CVS)

▶주가	63.91달러(63,910원)	**▶시가총액**	835억 3,600만 달러 (83조 5,360원)
▶예상매출	2,610억 달러(261조 원)	**▶영업이익률**	5%
▶부채비율	252%(2020년 3월)	**▶예상배당수익률**	3.13%
▶예상PER	11.58배		

홈페이지: www.cvshealth.com

회사명 CVS는 고객 가치 스토어(Customer Value Store)를 의미하며 약품과 일반 생필품을 같이 판매하는 소매 약국 체인점이다. 거대 건강보험회사인 애트나(Aetna)를 소유하고 있다. 2019년 기준 「포천」 선정 500대 기업에서 8위를 차지했다. 월그린과 함께 미국의 양대 드럭스토어다.

▶ 최근 12개월 기준 영업이익

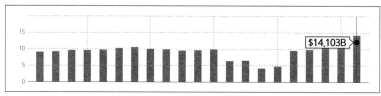

▶ 분기별 영업이익

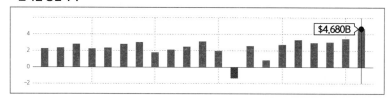

▶ 전년 동분기 대비 성장률

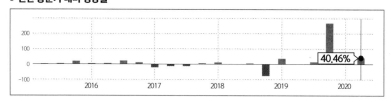

버텍스 파마슈티컬스 Vertex Pharmaceuticals Incorporated(VRTX)

⟩ 주가	303.10달러(303,100원)	⟩ 시가총액	785억 8,700만 달러 (78조 5,870억 원)
⟩ 예상매출	4.80억 달러(4조 8,000억 원)	⟩ 영업이익률	34%
⟩ 부채비율	38%(2020년 3월)	⟩ 예상배당수익률	–
⟩ 예상PER	52.46배	⟩ 투자 대가	론 바론

홈페이지: www.vrtx.com

1989년 창립하여 빠른 속도로 성장하고 있는 제약회사다. 선천성 대사질환인 낭포성 섬유증 치료약 개발에 가장 앞선다는 평가를 받고 있다. 2019년 셈마 세라퓨틱스를 인수하여 1-타입 당뇨병 치료 연구·개발 분야로까지 사업 영역을 확장하고 있다.

⟩ 최근 12개월 기준 영업이익

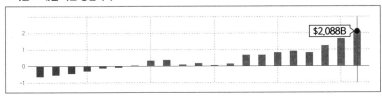

⟩ 분기별 영업이익

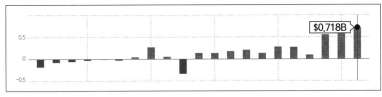

⟩ 전년 동분기 대비 성장률

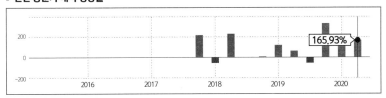

📈 벡톤, 디킨슨 앤드 컴퍼니 Becton, Dickinson and Company(BDX)

➤ 주가	267.85달러(267,850원)	➤ 시가총액	789억 8,300만 달러 (78조 9,830억 원)
➤ 예상매출	170억 달러(17조 원)	➤ 영업이익률	17%
➤ 부채비율	155%(2020년 3월)	➤ 예상배당수익률	1.18%
➤ 예상PER	79.72배		

홈페이지: www.bd.com

1897년에 설립된 의료 기기, 기구, 시스템 및 시약을 제조하고 판매하는 미국의 다국적 의료 기술 기업이다. 전 세계 50여 개 국가에서 7만 명의 직원을 고용해 활동하고 있다. 주요 고객은 의료 기관, 과학 연구원, 임상 실험실, 제약 산업 등이다. S&P500지수에 포함된다.

➤ **최근 12개월 기준 영업이익**

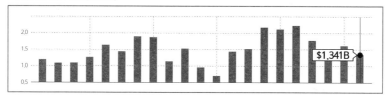

➤ **분기별 영업이익**

➤ **전년 동분기 대비 성장률**

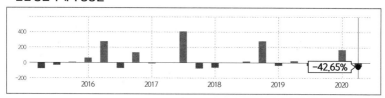

스트라이커 Stryker Corporation(SYK)

▶ 주가	190.68달러(190,680원)	▶ 시가총액	715억 7,700만 달러 (71조 5,770억 원)
▶ 예상매출	150억 달러(15조 원)	▶ 영업이익률	23%
▶ 부채비율	124%(2020년 3월)	▶ 예상배당수익률	1.19%
▶ 예상PER	33.51배		

홈페이지: www.stryker.com

1941년에 설립된 회사로 미국 다국적 의료 기술 회사다. 주로 정형외과용 의료 기기를 생산한다. 관절 교체 및 외상 수술에 사용되는 임플란트, 수술 장비 및 수술 항법 시스템, 내시경 및 커뮤니케이션 시스템, 환자 취급 및 응급 의료 장비, 신경 혈관 및 척추 장치 등 다양한 의료 기기를 개발, 제조 및 판매한다. 이 회사의 제품은 전 세계 100여 개 국가에서 판매되고 있다.

▶ 최근 12개월 기준 영업이익

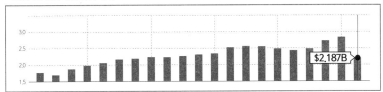

▶ 분기별 영업이익

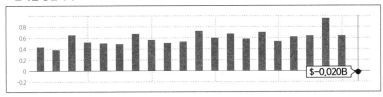

▶ 전년 동분기 대비 성장률

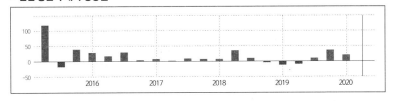

𝗂𝗂 인튜이티브 서지컬 Intuitive Surgical, Inc.(ISRG)

➤ 주가	667.54달러(667,540원)	➤ 시가총액	778억 4,700만 달러 (77조 8,470억 원)
➤ 예상매출	46억 달러(4조 6,000억 원)	➤ 영업이익률	31%
➤ 부채비율	16%(2020년 3월)	➤ 예상배당수익률	–
➤ 예상PER	57.55배	➤ 투자 대가	론 바론

홈페이지: www.intuitive.com

1995년에 설립된 회사로 최소 개복 복강경 수술을 할 수 있도록 개발한 로봇 제품을 개발, 제조 및 판매한다. 주요 제품으로는 수술 로봇인 다빈치 서지컬 시스템 및 관련 기기, 액세서리 등이 있다. 2019년 기준 미국 3,531개, 유럽 977개, 아시아 780개 등 전 세계에 5,582개의 다빈치 수술 시스템을 설치했다. 사용 분야는 비뇨기과, 부인과, 이비인후과, 일반외과, 심장 및 흉부외과 등으로 다양하다.

➤ **최근 12개월 기준 영업이익**

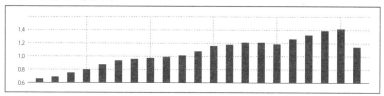

➤ **분기별 영업이익**

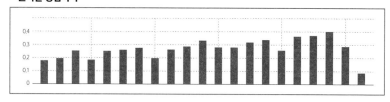

➤ **전년 동분기 대비 성장률**

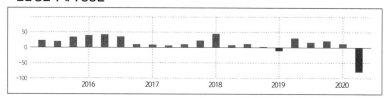

📶 시그나 **Cigna Corporation(CI)**

＞주가	175.86달러(175,860원)	**＞시가총액**	648억 8,900만 달러 (64조 8,890억 원)
＞예상매출	1,540억 달러(154조 원)	**＞영업이익률**	6%
＞부채비율	243%(2020년 3월)	**＞예상배당수익률**	0.02%
＞예상PER	13.50배		

홈페이지: www.cigna.com

1982년 미국 최대 생명보험회사 중 하나인 CG생명보험회사와 INA가 합병해 세운 회사다. 시그나의 주요 보험 서비스 상품으로는 건강 증진 프로그램, 장애인보험, 생명보험, 상해보험, 직장보험, 퇴직연금, 치과보험, 근로자보험, 기업보험 등이 있다. 국내에서는 라이나생명으로 영업활동을 하고 있다.

＞ 최근 12개월 기준 영업이익

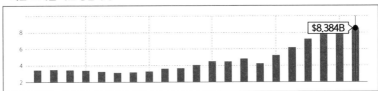

＞ 분기별 영업이익

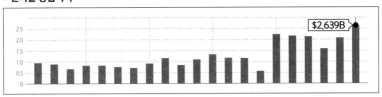

＞ 전년 동분기 대비 성장률

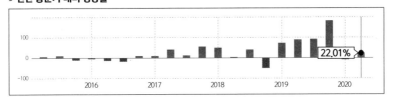

앤섬 **Anthem, Inc.(ANTM)**

➤ **주가**	259.00달러(259,000원)	➤ **시가총액**	652억 9,800만 달러 (65조 2,980억 원)
➤ **예상매출**	1,090억 달러(109조 원)	➤ **영업이익률**	6%
➤ **부채비율**	160%(2020년 3월)	➤ **예상배당수익률**	1.47%
➤ **예상PER**	14.02배		

홈페이지: www.antheminc.com

미국의 의료보험 회사로 1946년에 설립됐다. 블루크로스블루쉴드협회 회사 중 가장 큰 규모를 자랑한다. 2018년 기준 4,000만 명의 회원을 보유하고 있다. 「포천」 선정 500대 기업에서 33위에 올랐으며, S&P500지수에 포함된다.

➤ **최근 12개월 기준 영업이익**

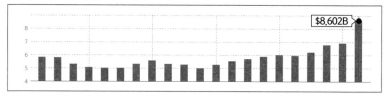

➤ **분기별 영업이익**

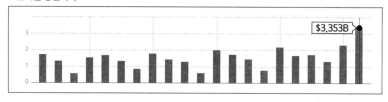

➤ **전년 동분기 대비 성장률**

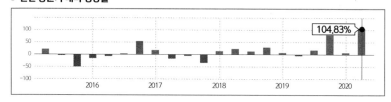

조에티스 Zoetis Inc.(ZTS)

▶ 주가	145.97달러(145,970원)	▶ 시가총액	693억 2,700만 달러 (69조 3,270억 원)
▶ 예상매출	6억 3,000만 달러 (6조 3,000억 원)	▶ 영업이익률	35%
▶ 부채비율	319%(2020년 3월)	▶ 예상배당수익률	0.55%
▶ 예상PER	43.70배	▶ 투자 대가	론 바론

홈페이지: www.zoetis.com

조에티스는 미국의 대형 제약사인 화이자의 자회사였다. 애완동물과 가축을 위한 의약품 및 예방접종 분야에서 세계 최대 생산 기업이다. 약 45개 국가에서 제품을 직접 판매하고 있으며, 100여 개국에 제품을 판매한다. 백신, 구충제, 항생 및 사료첨가제, 기타 의약품 등을 판매하고 있다.

▶ 최근 12개월 기준 영업이익

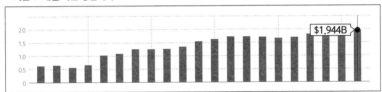

▶ 분기별 영업이익

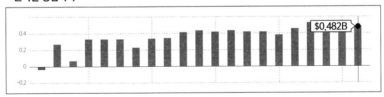

▶ 전년 동분기 대비 성장률

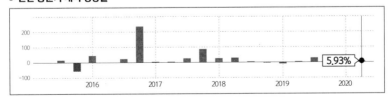

리제네론 파마슈티컬스 Regeneron Pharmaceuticals, Inc.(REGN)

▶ 주가	658.21달러(658,210원)	▶ 시가총액	675억 2,900만 달러 (67조 5,290원)
▶ 예상매출	83억 달러(8조 3,000억 원)	▶ 영업이익률	30%
▶ 부채비율	30%(2020년 3월)	▶ 예상배당수익률	–
▶ 예상PER	33.06배		

홈페이지: www.regeneron.com

미국의 생명공학 회사로 1988년에 설립됐다. 주요 제품은 황반변성 안과 치료제 아일리아(Eylea)로, 매출의 70%를 차지한다. 아토피 피부염, 천식 치료에 쓰이는 듀피젠트(Dupixent)도 매출이 증가하고 있다.

▶ 최근 12개월 기준 영업이익

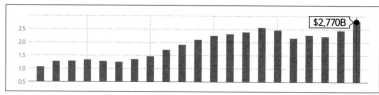

▶ 분기별 영업이익

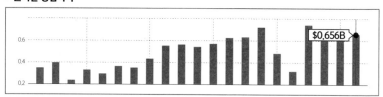

▶ 전년 동분기 대비 성장률

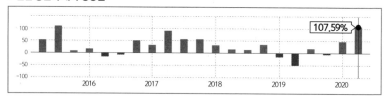

일루미나 Illumina, Inc.(ILMN)

▶ 주가	398.62달러(398,620원)	▶ 시가총액	585억 9,700만 달러 (59조 5,970억 원)
▶ 예상매출	36억 달러(3조 6,000억 원)	▶ 영업이익률	29%
▶ 부채비율	57%(2020년 3월)	▶ 예상배당수익률	–
▶ 예상PER	62.84배		

홈페이지: www.illumina.com

유전자 검사 업계의 리더인 일루미나는 생명과학 연구기관, 제약사, 바이오텍 등에 유전자 진단 기기 및 시약을 공급하는 회사다. 유전자 분석 기술(NGS) 분야에서 시장점유율 70%를 차지한다. 주요 제품으로 유전체 분석 장비인 NovaSeq, Popseq, 비침습적 산전 기형아 검사 장비인 NIPT 등이 있다.

▶ **최근 12개월 기준 영업이익**

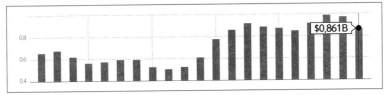

▶ **분기별 영업이익**

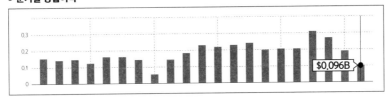

▶ **전년 동분기 대비 성장률**

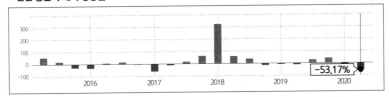

ᐟᐵᐟᐭ 휴매나 Humana Inc.(HUM)

▸ 주가	396.76달러(396,760원)	▸ 시가총액	524억 5,400만 달러 (52조 4,540억 원)
▸ 예상매출	680억 달러(68조 원)	▸ 영업이익률	5%
▸ 부채비율	180%(2020년 3월)	▸ 예상배당수익률	0.63%
▸ 예상PER	20.32배	▸ 투자 대가	데이비드 테퍼

홈페이지: www.humana.com

1961년에 설립된 미국의 의료 서비스 기업이다. 미국 4대 건강보험회사 중 하나로, 2018년 기준 「포천」 선정 500대 기업 56위에 올랐다. 메디케어 사업부와 군인 및 가족에게 건강관리 서비스를 하는 사회사 휴매나 밀리터리가 있다. 2017년 기준 1,400만 명의 메디케어 플랜 가입자를 보유하고 있다. S&P500지수에 포함되어 있다.

▸ 최근 12개월 기준 영업이익

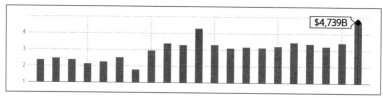

▸ 분기별 영업이익

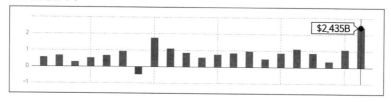

▸ 전년 동분기 대비 성장률

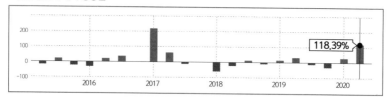

유틸리티

Utilities

⚸ 넥스트에라 에너지 NextEra Energy, Inc.(NEE)

➤ **주가**	274.33달러(274,330원)	➤ **시가총액**	1,342억 7,100만 달러 (134조 2,710억 원)
➤ **예상매출**	200억 달러(20조 원)	➤ **영업이익률**	31%
➤ **부채비율**	195%(2020년 3월)	➤ **예상배당수익률**	2.04%
➤ **예상PER**	38.13배		

홈페이지: www.nexteraenergy.com

미국 플로리다에 본사를 둔 선도적인 청정에너지 회사로 풍력, 태양열, 원자력, 석탄, 석유 및 천연가스 시설을 통해 전기를 생산하고 송배전을 담당한다. 또한 재생 가능 발전 시설, 천연가스 파이프라인 및 배터리 저장 프로젝트에 중점을 둔 장기 계약 자산을 개발, 건설 및 운영하고 있다. 계열사와 함께 바람과 태양으로부터 재생 가능한 에너지를 세계에서 가장 많이 생성하고 있으며, 배터리 저장 분야에서도 전 세계에서 선도적인 회사다.

➤ **최근 12개월 기준 영업이익**

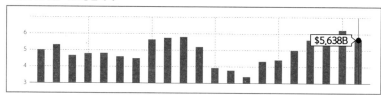

➤ **분기별 영업이익**

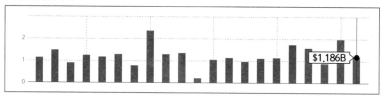

➤ **전년 동분기 대비 성장률**

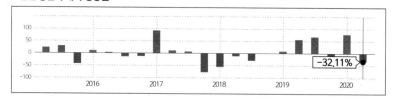

📊 도미니언 에너지 Dominion Energy, Inc.(D)

▶ **주가**	77.55달러(77,550원)	▶ **시가총액**	650억 8,400만 달러 (65조 840억 원)
▶ **예상매출**	170억 달러(17조 원)	▶ **영업이익률**	30%
▶ **부채비율**	218%(2020년 3월)	▶ **예상배당수익률**	4.85%
▶ **예상PER**	37.19배		

홈페이지: www.dominionenergy.com

에너지의 생산과 운송을 전문으로 하는 회사이며, 3,100메가와트의 신재생에너지 발전 설비를 운영하며 관련 분야 투자도 확대하고 있다. 워런 버핏이 이 회사의 송배관 시설을 매입하여 우리나라 투자자들에게도 많이 알려졌다. 2019년 12월 31일 현재 약 700만 명의 유틸리티 및 소매 에너지 고객에게 서비스를 제공하고 있다.

➤ **최근 12개월 기준 영업이익**

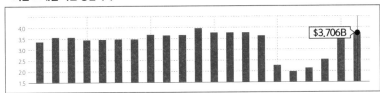

➤ **분기별 영업이익**

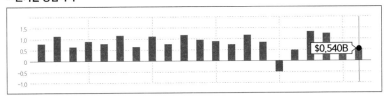

➤ **전년 동분기 대비 성장률**

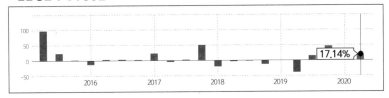

📊 듀크 에너지 Duke Energy Corporation(DUK)

➤ **주가**	81.10달러(81,100원)	➤ **시가총액**	595억 9,700만 달러 (59조 5,970억 원)
➤ **예상매출**	240억 달러(24조 원)	➤ **영업이익률**	24%
➤ **부채비율**	233%(2020년 3월)	➤ **예상배당수익률**	4.68%
➤ **예상PER**	16.04배		

홈페이지:www.duke-energy.com

전기, 가스, 재생에너지를 공급하는 미국 회사다. 전기 유틸리티 및 인프라 부문은 미국 캐롤라이나, 플로리다 및 중서부에서 전기를 생산하여 송전 및 배전하고, 석탄·수력발전·천연가스·석유·재생 가능 자원 및 핵연료를 사용하여 전기를 생산한다. 약 780만 명의 소매 고객에게 서비스를 제공하며, 약 5만 1,144메가와트의 발전 용량을 보유하고 있다. 가스 유틸리티 및 인프라 부문은 파이프라인 및 천연가스 저장 시설을 운영하고 있으며, 약 160만 고객이 있다. 상업용 재생에너지 부문은 풍력 22개 및 태양광 126개의 발전소, 1개의 배터리 저장 시설, 19개 주에 걸쳐 2,282메가와트 용량의 11개 연료 전지를 보유하고 있다.

➤ 최근 12개월 기준 영업이익

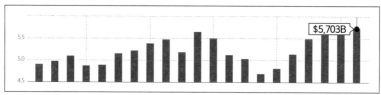

➤ 분기별 영업이익

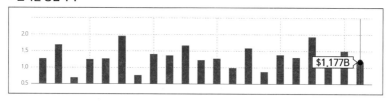

➤ 전년 동분기 대비 성장률

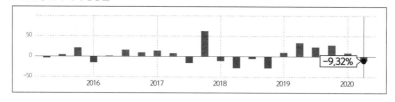

서던 컴퍼니 The Southern Company(SO)

▸ **주가**	54.26달러(54,260원)	▸ **시가총액**	572억 9,600만 달러 (57조 2,960억 원)
▸ **예상매출**	210억 달러(21조 원)	▸ **영업이익률**	27%
▸ **부채비율**	269%(2020년 3월)	▸ **예상배당수익률**	4.69%
▸ **예상PER**	16.29배		

홈페이지: www.southerncompany.com

미국 남부를 기반으로 전력 생산, 송전 및 배전 서비스를 제공하는 회사다. 일리노이, 조지아, 버지니아 및 테네시에서 천연가스를 유통하고 가스 마케팅 서비스, 도매 가스 서비스 및 가스 파이프라인 투자 운영 서비스를 제공한다. 30개의 수력발전소, 24개의 화석 연료 발전소, 3개의 원자력발전소, 13개의 복합 화력·열병합 발전소, 42개의 태양광 시설, 10개의 풍력 시설 및 1개의 바이오매스 시설을 소유 및 운영하고 있다. 또한 7만 5,585마일의 천연가스 파이프라인, 157Bcf에 달하는 14개의 저장시설을 보유하고 있으며 800만 명의 전기 및 가스 설비 사용 고객을 보유하고 있다.

▸ **최근 12개월 기준 영업이익**

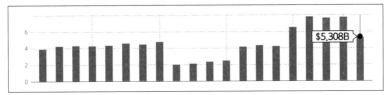

▸ **분기별 영업이익**

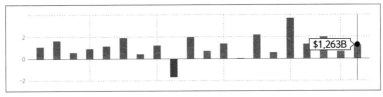

▸ **전년 동분기 대비 성장률**

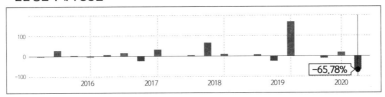

📊 아메리칸 일렉트릭 파워 American Electric Power Company, Inc. (AEP)

▶주가	86.72달러(86,720원)	**▶시가총액**	429억 7,700만 달러 (42조 9,770억 원)
▶예상매출	150억 달러(15조 원)	**▶영업이익률**	19%
▶부채비율	288%(2020년 3월)	**▶예상배당수익률**	3.20%
▶예상PER	23.31배		

홈페이지:www.aep.com

미국의 도매 및 소매용 전력 생산, 송전 및 배전을 담당하는 회사다. 석탄과 갈탄, 천연가스, 원자력 및 수력발전뿐만 아니라 태양광, 풍력 및 기타 에너지원을 사용하여 전기를 생산한다. 총 3만 8,000메가와트 수준의 발전 용량을 보유한 미국 최대 발전 설비 보유 회사 중 하나이며, 3만 9,000마일의 전력 전송 시스템을 갖추고 있다.

▶ 최근 12개월 기준 영업이익

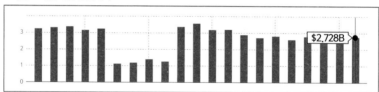

▶ 분기별 영업이익

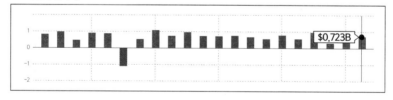

▶ 전년 동분기 대비 성장률

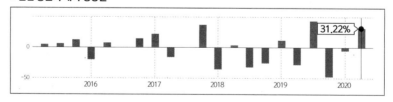

﷽ 내셔널 그리드 National Grid PLC(NGG)

▶주가	56.58달러(56,580원)	▶시가총액	393억 3,000만 달러 (39조 3,300억 원)
▶예상매출	150억 파운드(23조 원)	▶영업이익률	0%
▶부채비율	243%(2020년 3월)	▶예상배당수익률	5.44%
▶예상PER	8.79배		

홈페이지: www.nationalgridet.com

영국에 본사를 둔 다국적 전기 및 가스 유틸리티 회사다. 영국의 전기 시설로는 7,121킬로미터의 송전 네트워크, 2,239킬로미터의 지하 케이블을 보유하고 있다. 잉글랜드와 웨일스에 있는 347개의 변전소와 스코틀랜드의 송전 시스템, 7,630킬로미터의 고압 파이프를 포함한 가스 전송 시스템을 보유하고 있다. 미국 북동부에서 운영되는 전력 설비로는 1만 4,659킬로미터의 가공선, 169킬로미터의 지하 케이블 및 396개의 변전소가 있다. 또한 가스 설비로는 5만 7,425킬로미터의 가스 파이프라인 네트워크와 약 801킬로미터의 가스 전송 파이프를 보유하고 있다. 미국에서는 약 1,000만 명의 고객에게 가스와 전기를 공급하고 있다.

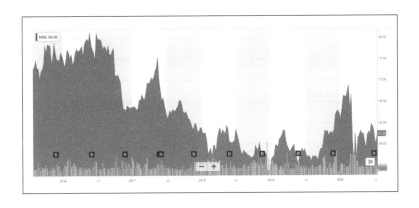

엑셀론 Exelon Corporation(EXC)

➤ 주가	38.32달러(38,320원)	**➤ 시가총액**	373억 3,900만 달러 (37조 3,390억 원)
➤ 예상매출	340억 달러(34조 원)	**➤ 영업이익률**	13%
➤ 부채비율	260%(2020년 3월)	**➤ 예상배당수익률**	3.99%
➤ 예상PER	14.30배		

홈페이지: www.exeloncorp.com

미국과 캐나다에서 전력을 생산하고 판매하는 회사다. 원자력, 화석 연료, 풍력, 수력발전, 바이오매스 및 태양광 발전 시설을 소유하고 있다. 약 1,000만 고객을 보유한 미국 최대의 전기 설비 업체이자 미국에서 가장 큰 원자력발전소 운영 업체다.

➤ 최근 12개월 기준 영업이익

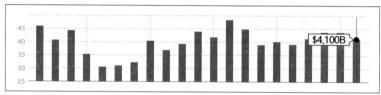

➤ 분기별 영업이익

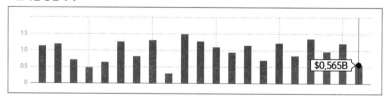

➤ 전년 동분기 대비 성장률

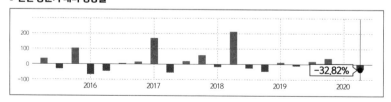

📊 셈프라 에너지 Sempra Energy(SRE)

▶ 주가	122.62달러(122,620원)	**▶ 시가총액**	358억 7,200만 달러 (35조 8,720억 원)
▶ 예상매출	110억 달러(11조 원)	**▶ 영업이익률**	26%
▶ 부채비율	209%(2020년 3월)	**▶ 예상배당수익률**	3.35%
▶ 예상PER	14.81배		

홈페이지: www.sempra.com

캘리포니아 샌디에이고에 본사를 둔 북미 에너지 인프라 회사로 전기 및 천연가스 인프라에 중점을 두고 있다. 샌디에이고와 텍사스가 주요 서비스 지역이다. 멕시코에서도 천연가스·전기·액화천연가스(LNG)·액체석유가스(LPG)·에탄 및 액체 연료 인프라를 개발·소유 및 운영하고 있으며, 천연가스 복합 화력발전소와 풍력 및 태양광 발전 시설을 운영한다. Sempra LNG 부문은 LNG 수출을 담당하고 있으며 천연가스를 소유, 운영, 구매, 판매 및 운송하는 업무를 담당한다.

▶ 최근 12개월 기준 영업이익

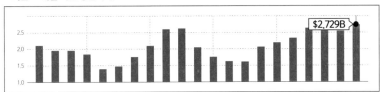

▶ 분기별 영업이익

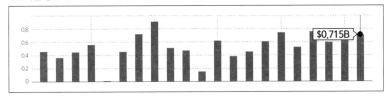

▶ 전년 동분기 대비 성장률

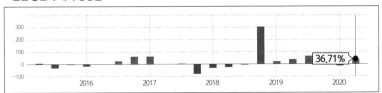

엑셀 에너지 Xcel Energy Inc.(XEL)

➤ **주가**	65.95달러(65,950원)	➤ **시가총액**	346억 3,500만 달러 (34조 6,350억 원)
➤ **예상매출**	110억 달러(11조 원)	➤ **영업이익률**	18%
➤ **부채비율**	284%(2020년 3월)	➤ **예상배당수익률**	2.59%
➤ **예상PER**	25.47배		

홈페이지: www.xcelenergy.com

전력의 생산, 구매, 송전 및 배전을 담당하는 회사이며 천연가스의 구매, 판매 및 운송도 담당한다. 석탄, 원자력, 천연가스, 수력발전, 태양열, 바이오매스, 석유, 목재, 폐기물 및 풍력에너지원을 통해 전기를 생산하며 약 370만 명의 고객에게 전기를 판매하고 있다. 가스와 관련하여서는 약 210만 고객에게 천연가스를 공급한다. 2050년까지 100% 무탄소 청정 전기를 공급하고 2035년까지 탄소를 80% 감소시킬 것이라고 발표했다(2005년 대비). 이로 인해 엑셀 에너지는 이런 목표를 설정한 최초의 미국 주요 유틸리티 회사가 됐다.

➤ **최근 12개월 기준 영업이익**

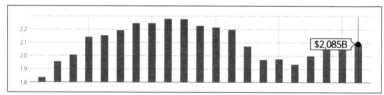

➤ **분기별 영업이익**

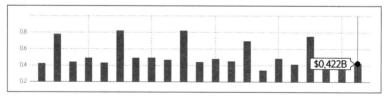

➤ **전년 동분기 대비 성장률**

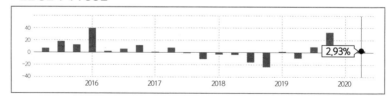

통신 서비스

Communication Services

📈 구글(알파벳) Alphabet Inc.(GOOG)

➤ 주가	1,565.72달러(1,565,720원)	➤ 시가총액	1조 690억 달러(1,069조 원)
➤ 예상매출	1,670억 달러(167조 원)	➤ 영업이익률	22%
➤ 부채비율	34%(2020년 3월)	➤ 예상배당수익률	–
➤ 예상PER	31.58배	➤ 투자 대가	데이비드 테퍼, 론 바론, 세스 클라먼

홈페이지: www.abc.xyz

전 세계의 정보를 체계화하여 모든 사용자가 편리하게 이용할 수 있도록 하는 것을 목표로 하는 회사. 전 세계에 온라인 광고 서비스를 제공하고 있으며 Google 부문에서는 Ads, Android, Chrome, Google Cloud, Google Maps, Google Play, Hardware, Search 와 YouTube 등 기술 인프라와 디지털 콘텐츠, 클라우드 서비스와 하드웨어 장비들을 제공한다. Other Bets 부문에서는 Access, Calico, CapitalG, GV, Verily, Waymo, X 그리고 인터넷과 텔레비전 서비스를 제공한다. 참고로 티커가 GOOG인 주식은 의결권이 없으며, GOOGL인 주식은 1주당 1개의 의결권이 부여된다.

➤ 최근 12개월 기준 영업이익

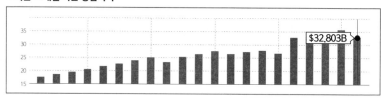

➤ 분기별 영업이익

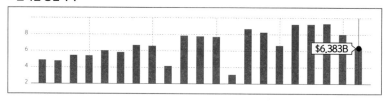

➤ 전년 동분기 대비 성장률

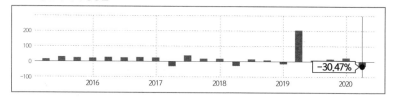

페이스북 Facebook, Inc.(FB)

▸ 주가	245.42달러(245,420원)	▸ 시가총액	7,001억 8,800만 달러 (700조 1,880억 원)
▸ 예상매출	730억 달러(73조 원)	▸ 영업이익률	36%
▸ 부채비율	31%(2020년 3월)	▸ 예상배당수익률	–
▸ 예상PER	33.67배	▸ 투자 대가	데이비드 테퍼, 론 바론, 세스 클라먼

홈페이지: investor.fb.com

사람들이 전 세계의 모바일 기기, 개인용 컴퓨터, 가상 현실 헤드셋 및 가정용 장치를 통해 친구 및 가족과 연결하고 공유할 수 있는 제품을 개발한다. 대표 제품으로는 모바일 장치 및 개인용 컴퓨터에서 서로 연결·공유·발견·소통할 수 있도록 하는 페이스북, 사진·비디오·메시지를 공유하는 커뮤니티인 인스타그램(Instagram), 메시징 응용 프로그램인 왓츠앱(WhatsApp), 가상현실 하드웨어와 소프트웨어를 개발하는 오큘러스(Oculus)가 있다.

▸ **최근 12개월 기준 영업이익**

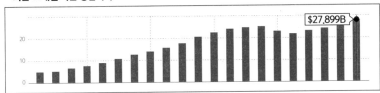

▸ **분기별 영업이익**

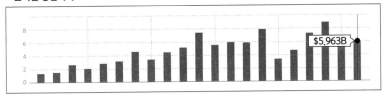

▸ **전년 동분기 대비 성장률**

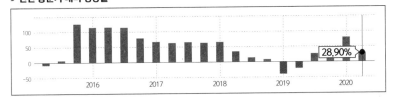

📈 텐센트 홀딩스 Tencent Holdings Limited(TCEHY)

➤ **주가**	69.00달러(69,000원)	➤ **시가총액**	6,555억 1,500만 달러 (655조 5,150억 원)
➤ **예상매출**	3,770억 위안(64조 원)	➤ **영업이익률**	0%
➤ **부채비율**	98%(2020년 3월)	➤ **예상배당수익률**	0.23%
➤ **예상PER**	50.92배		

홈페이지: www.tencent.com

전 세계 대표 메시징 애플리케이션인 위챗(WeChat), 메세징 프로그램인 텐센트QQ로 유명한 중국의 인터넷·미디어 기업이다. 슈퍼셀, 라이엇게임즈, 에픽게임즈 등 전 세계 대표적인 게임회사들을 인수했으며, 우리나라 카카오의 2대 주주이기도 하다. 또한 핀테크, 클라우드 서비스, 영화 및 TV 프로그램의 제작 등에도 관여한다. 유니버설뮤직의 주주이기도 하며, 온라인 음악 엔터테인먼트 서비스에도 참여하고 있다.

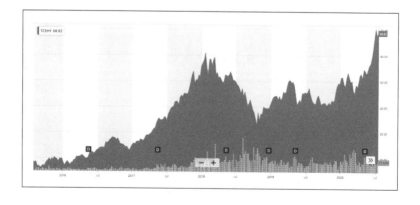

버라이즌 커뮤니케이션스 Verizon Communications Inc.(VZ)

➤ **주가**	55.87달러(55,870원)	➤ **시가총액**	2,311억 9,000만 달러 (231조 1,900억 원)
➤ **예상매출**	1,310억 달러(131조 원)	➤ **영업이익률**	24%
➤ **부채비율**	378%(2020년 3월)	➤ **예상배당수익률**	4.37%
➤ **예상PER**	12.61배		

홈페이지: www.verizon.com

미국 거대 통신 기업 AT&T의 자회사였던 벨 애틀랜틱(Bell Atlantic)과 GTE가 합병해 2000년 버라이즌 커뮤니케이션스가 설립됐다. 미국 4대 통신사 중 하나로 현재 2위 업체다. 주력 사업은 유무선 통신과 초고속인터넷 서비스 등이다. 2019년 기준 이동통신 서비스 가입자 1억 5,000만 명이 넘는다.

➤ **최근 12개월 기준 영업이익**

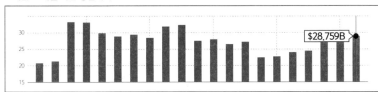

➤ **분기별 영업이익**

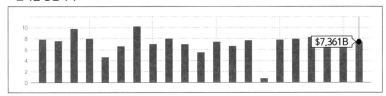

➤ **전년 동분기 대비 성장률**

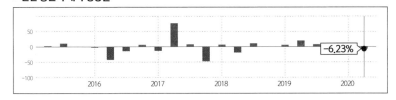

📊 넷플릭스 Netflix, Inc.(NFLX)

➤ 주가	502.41달러(502,410원)	**➤ 시가총액**	2,209억 6,200만 달러 (220조 9,620억 원)
➤ 예상매출	230억 달러(23조 원)	**➤ 영업이익률**	17%
➤ 부채비율	298%(2020년 6월)	**➤ 예상배당수익률**	–
➤ 예상PER	84.84배	**➤ 투자 대가**	데이비드 테퍼, 론 바론

홈페이지: www.netflix.com

미디어 스트리밍, 콘텐츠 서비스 및 제작 회사다. DVD 대여 회사로 출발하여 기술의 발전과 함께 비디오 스트리밍을 하는 회사가 되었다. 스마트TV, 스마트폰, 태블릿, PC, 게임 콘솔 등에서 영화, 다큐멘터리, TV 프로그램, 자체 제작 시리즈 등을 서비스한다. 190여 개국에 진출했고 1억 9,300만 개의 유료 멤버십을 보유하고 있다.

➤ 최근 12개월 기준 영업이익

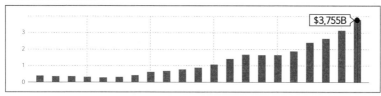

➤ 분기별 영업이익

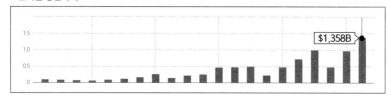

➤ 전년 동분기 대비 성장률

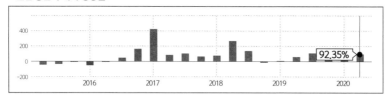

ᴍ AT&T AT&T Inc.(T)

▶ 주가	29.85달러(29,850원)	▶ 시가총액	2,126억 8,100만 달러 (212조 6,810억 원)
▶ 예상매출	1,790억 달러(179조 원)	▶ 영업이익률	16%
▶ 부채비율	179%(2020년 3월)	▶ 예상배당수익률	6.88%
▶ 예상PER	17배		

홈페이지: www.att.com

미국의 다국적 통신 기업이자 미디어 그룹이다. 유선전화, 이동전화, 초고속 인터넷 서비스, 유료 텔레비전 서비스를 제공한다. 미국 내 일반 소비자와 300만 개 이상의 회사에 모바일, 광대역, 비디오, 통신 서비스를 제공한다. 멕시코에서는 모바일 서비스, 남미와 카리브해 11개국에서는 유료 TV 서비스 사업을 하고 있다. 미디어 부문 자회사로 HBO, 터너, 워너 브러더스가 있다. 또한 마케팅 담당자들에게 광고 솔루션을 제공하는 일도 하고 있다.

▶ 최근 12개월 기준 영업이익

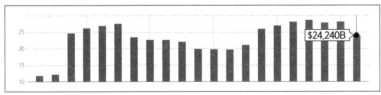

▶ 분기별 영업이익

▶ 전년 동분기 대비 성장률

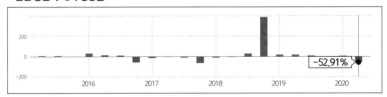

ᐣᐣᐣ 월트 디즈니 The Walt Disney Company(DIS)

➤ 주가	117.79달러(117,790원)	**➤ 시가총액**	2,127억 7,600만 달러 (212조 7,610억 원)
➤ 예상매출	780억 달러(78조 원)	**➤ 영업이익률**	12%
➤ 부채비율	117%(2020년 3월)	**➤ 예상배당수익률**	–
➤ 예상PER	39.67배	**➤ 투자 대가**	론 바론

홈페이지: www.thewaltdisneycompany.com

1923년에 설립됐으며 미키마우스와 디즈니랜드로 유명한 미디어 콘텐츠 엔터테인먼트 대기업이다. 미국 애니메이션 산업의 선두주자로 「겨울왕국」 시리즈로도 유명하다. 1993년부터 미디어 회사들을 인수하면서 종합 엔터테인먼트 회사로 성장했다. 인수한 회사들로는 ABC방송, 스포츠채널 ESPN, 21세기 폭스 엔터테인먼트(내셔널 지오그래픽, FX프로덕션, 훌루), 픽사 애니메이션, 루카스 필름, 마블 스튜디오 등이 있다.

➤ 최근 12개월 기준 영업이익

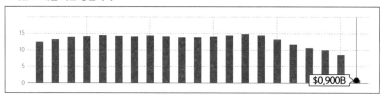

➤ 분기별 영업이익

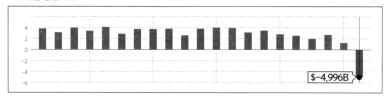

➤ 전년 동분기 대비 성장률

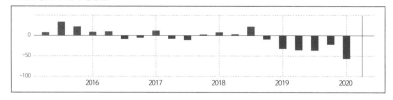

컴캐스트 Comcast Corporation(CMCSA)

➤ **주가**	41.95달러(41,950원)	➤ **시가총액**	1,914억 6,700만 달러 (191조 4,670억 원)
➤ **예상매출**	1,090억 달러(109조 원)	➤ **영업이익률**	19%
➤ **부채비율**	217%(2020년 3월)	➤ **예상배당수익률**	2.18%
➤ **예상PER**	16.65배		

홈페이지: corporate.comcast.com

미국의 통신 및 미디어 기업이다. 세계에서 두 번째로 큰 케이블TV 및 방송 회사이며 미국 1위 인터넷 서비스 업체다. 2013년 유니버설 픽처스, 일루미네이션, 드림웍스 애니메이션, NBC의 모회사인 NBC 유니버설을 인수하면서 AT&T, 월트 디즈니 컴퍼니와 함께 세계 3대 미디어 그룹으로 꼽히게 됐다.

➤ **최근 12개월 기준 영업이익**

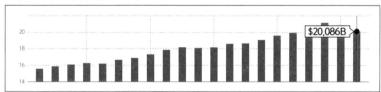

➤ **분기별 영업이익**

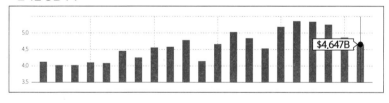

➤ **전년 동분기 대비 성장률**

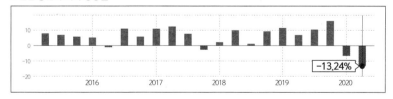

📶 차이나 모바일 China Mobile Limited(CHL)

▶ 주가	34.56달러(34,560원)	**▶ 시가총액**	1,419억 3,000만 달러 (141조 9,300억 원)
▶ 예상매출	7,460억 위안(127조 원)	**▶ 영업이익률**	0%
▶ 부채비율	47%(2019년 12월)	**▶ 예상배당수익률**	6.43%
▶ 예상PER	7.94배		

홈페이지: www.chinamobileltd.com

중국 본토와 홍콩에서 이동통신 및 관련 서비스를 제공하는 회사다. 주요 서비스는 국내 통화, 국내외 장거리 통화, 로밍 서비스, 발신자 신분 표시, 통화 대기, 전화 회의다. 무선 인터넷 서비스, 유선 광대역 서비스, 유선 음성 서비스, 음악·비디오·게임·애니메이션 디지털 애플리케이션도 제공한다. 기업 고객에게는 전용 회선, IDC 서비스, 기업 VPMN, SMS를 포함한 기본 기업 커뮤니케이션 제품 및 솔루션을 제공한다.

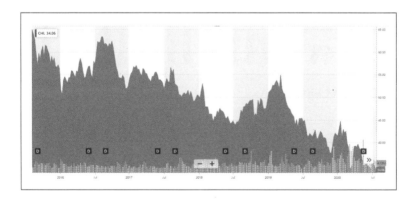

T-모바일 US T-Mobile US, Inc.(TMUS)

▶ 주가	106.14달러(106,140원)	**▶ 시가총액**	1,314억 8,600만 달러 (131조 4,860억 원)
▶ 예상매출	450억 달러(45조 원)	**▶ 영업이익률**	15%
▶ 부채비율	201%(2020년 3월)	**▶ 예상배당수익률**	-
▶ 예상PER	26.14배	**▶ 투자 대가**	데이비드 테퍼

홈페이지: www.t-mobile.com

1994년에 설립된 이동통신 사업체로 2001년 도이체텔레콤에 인수돼 T-모바일로 사명이 변경됐다. 2018년 기준 8,000만 명의 회원을 보유하고 있으며, 미국 4대 이동통신사 중 3위다. 2020년 4월, 4대 이동통신사 중 막내 격인 스프린트와 합병하면서 상위 포지션으로 도약을 시작했다.

▶ 최근 12개월 기준 영업이익

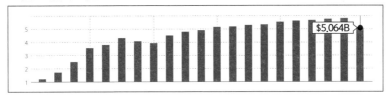

▶ 분기별 영업이익

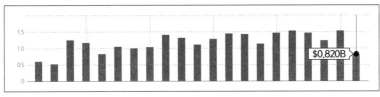

▶ 전년 동분기 대비 성장률

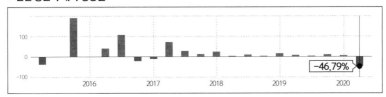

﹗ 소프트뱅크 그룹 SoftBank Group Corp.(SFTBY)

➤ 주가	29.80달러(29,800원)	➤ 시가총액	1,156억 8,800만 달러 (115조 6,880억 원)
➤ 예상매출	6조 2,000억 엔(62조 원)	➤ 영업이익률	0%
➤ 부채비율	405%(2020년 3월)	➤ 예상배당수익률	0.68%
➤ 예상PER	4.17배		

홈페이지: group.softbank

일본의 다국적 지주회사로 기술, 에너지 및 금융 회사의 지분을 소유하고 있다. 세계에서 가장 큰 기술 중심의 벤처 자금 펀드인 비전 펀드를 운영하고 있다. 자본금이 1,000억 달러 이상이다. 설립자이자 CEO인 손정의 회장은 재일교포 한국인이며, 세계 36위의 상장기업 이고 일본에서는 두 번째로 큰 기업이다.

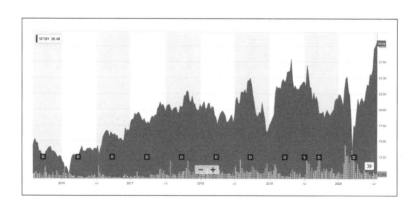

차터 커뮤니케이션스 Charter Communications, Inc.(CHTR)

▶ 주가	565.51달러(565,510원)	▶ 시가총액	1,167억 5,400만 달러 (116조 7,540억 원)
▶ 예상매출	460억 달러(46조 원)	▶ 영업이익률	15%
▶ 부채비율	299%(2020년 3월)	▶ 예상배당수익률	–
▶ 예상PER	68.75배	▶ 투자 대가	워런 버핏, 론 바론

홈페이지: corporate.charter.com

1999년에 설립된 회사로, 자회사 케이블 스펙트럼(Spectrum) 브랜드로 소비자와 기업에 미디어 서비스를 제공한다. 국내의 SK브로드밴드, LG U+와 유사한 서비스를 하는 기업이다. 미국 41개 주 2,600만 명 이상의 고객에게 서비스를 제공한다. 미국에서 세 번째로 큰 유료 TV 사업자다.

▶ **최근 12개월 기준 영업이익**

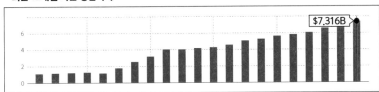

▶ **분기별 영업이익**

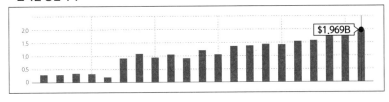

▶ **전년 동분기 대비 성장률**

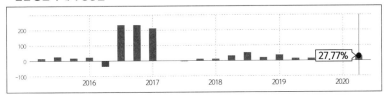

📶 줌 비디오 커뮤니케이션 Zoom Video Communications, Inc.(ZM)

➤ **주가**	268.58달러(268,580원)	➤ **시가총액**	757억 6,700만 달러 (75조 7,670억 원)
➤ **예상매출**	8억 2,900만 달러(8,290억 원)	➤ **영업이익률**	5%
➤ **부채비율**	129%(2020년 4월)	➤ **예상배당수익률**	–
➤ **예상PER**	1,589.23배	➤ **투자 대가**	론 바론

홈페이지: www.zoom.us

2011년에 설립된 화상회의 소프트웨어(Zoom) 개발 회사다. 화상회의 및 온라인 채팅 서비스를 제공하며 원격회의, 재택근무, 원격 교육에 사용된다. 2017년 10억 달러의 평가를 받아 유니콘 기업이 됐고, 2019년 나스닥에 상장되어 2020년 4월 NAS100지수에 포함됐다. 코로나19로 인한 언택트 시대로 접어들면서 큰 성장을 보이고 있다.

➤ **최근 12개월 기준 영업이익**

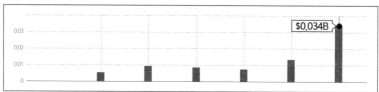

➤ **분기별 영업이익**

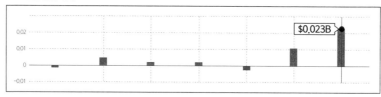

➤ **전년 동분기 대비 성장률**

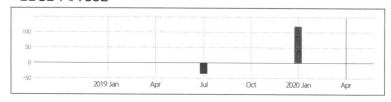

넷이즈 **NetEase, Inc.(NTES)**

▶ 주가	470.89달러(470,890원)	▶ 시가총액	639억 5,100만 달러 (63조 9,510억 원)
▶ 예상매출	620억 위안(10조 5,000억 원)	▶ 영업이익률	0%
▶ 부채비율	86%(2020년 3월)	▶ 예상배당수익률	1.01%
▶ 예상PER	70.61배		

홈페이지: ir.netease.com

중국의 인터넷 테크놀로지 회사다. 혁신적이고 다양한 콘텐츠, 커뮤니티, 커뮤니케이션, 상 거래 관련 온라인 서비스를 제공한다. 중국에서는 모바일·PC 개발 운영도 하고 있다. 블리 자드, Mojang AB(마이크로소프트 자회사) 등 다른 게임 개발사와 제휴해 중국 내에서 유 명한 게임을 운영하고 있다. 이 밖에도 지능형 학습, 음악 스트리밍, 개인 레이블 전자상거 래 플랫폼 관련 사업도 하고 있다.

▶ 최근 12개월 기준 영업이익

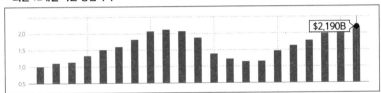

$2,190B

▶ 분기별 영업이익

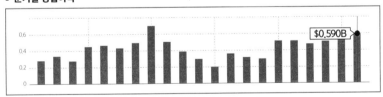

$0.590B

▶ 전년 동분기 대비 성장률

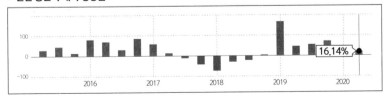

16.14%

📊 액티비전 블리자드 Activision Blizzard, Inc.(ATVI)

▶ 주가	81.16달러(81,160원)	▶ 시가총액	625억 3,300만 달러 (62조 5,330억 원)
▶ 예상매출	650억 달러(6조 5,000억 원)	▶ 영업이익률	27%
▶ 부채비율	51%(2020년 3월)	▶ 예상배당수익률	0.52%
▶ 예상PER	40.16배	▶ 투자 대가	론 바론

홈페이지: www.activisionblizzard.com

게임과 콘텐츠를 개발·판매하는 게임 엔터테인먼트 회사다. 이름에서 알 수 있듯이 '액티비전'과 '블리자드'의 지주회사다. 2015년에는 킹 디지털 엔터테인먼트를 인수했다. 대표작으로는 콜 오브 듀티 시리즈, 디아블로 시리즈, 히어로즈 오브 더 스톰, 오버워치, 스타크래프트 시리즈, 워크래프트 시리즈, 캔디 크러시 사가 등이 있다.

▶ 최근 12개월 기준 영업이익

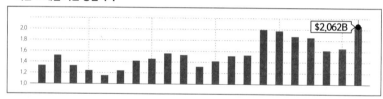

▶ 분기별 영업이익

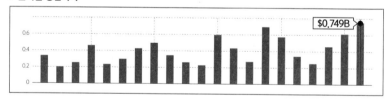

▶ 전년 동분기 대비 성장률

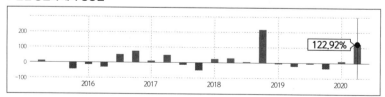

닌텐도 Nintendo Co., Ltd.(NTDOY)

▸ **주가**	55.27달러(55,270원)	▸ **시가총액**	523억 6,700만 달러 (52조 3,670억 원)	
▸ **예상매출**	1조 3,000억 엔(13조 원)	▸ **영업이익률**	0%	
▸ **부채비율**	26%(2020년 3월)	▸ **예상배당수익률**	3.41%	
▸ **예상PER**	38.31배			

홈페이지: www.nintendo.co.jp

게임기와 게임을 개발·제조·판매하는 세계적인 일본 게임 회사다. 게임 플랫폼, 카드 게임, 콘솔게임 하드웨어 시스템과 관련 소프트웨어 등을 제공한다. 대표 게임으로는 동키콩, 슈퍼마리오 시리즈, 젤다의 전설 시리즈, 포켓몬스터 시리즈, 동물의 숲, 스플래툰 등이 있다.

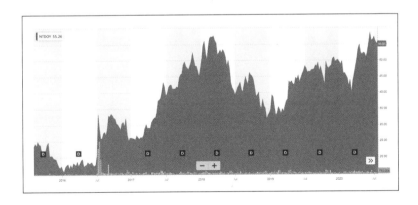

⩓⩓ 바이두 Baidu, Inc.(BIDU)

➤ 주가	124.35달러(124,350원)	➤ 시가총액	428억 5,900만 달러 (42조 8,590억 원)
➤ 예상매출	1,060억 위안(18조 원)	➤ 영업이익률	0%
➤ 부채비율	76%(2020년 3월)	➤ 예상배당수익률	–
➤ 예상PER	9.69배		

홈페이지:www.baidu.com

인터넷 관련 서비스, 제품, 인공지능을 전문으로 하는 중국의 다국적 IT 기업이다. 인터넷 검색엔진, 온라인 백과사전, 음악 재생 등의 웹 서비스를 제공한다. 중국 최대 검색엔진 기업이라고 볼 수 있다. 막강한 자본으로 부인자놋차 등 다양한 분야에서 사업을 영위하고 있다.

➤ 최근 12개월 기준 영업이익

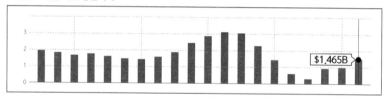

➤ 분기별 영업이익

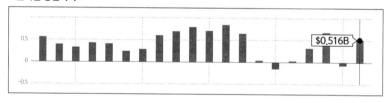

➤ 전년 동분기 대비 성장률

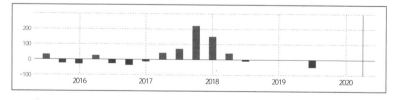

⌁ 일렉트로닉 아츠 Electronic Arts Inc.(EA)

▶ 주가	141.53달러(141,530원)	▶ 시가총액	408억 6,200만 달러 (40조 8,620억 원)
▶ 예상매출	55억 달러(5조 5,000억 원)	▶ 영업이익률	26%
▶ 부채비율	49%(2020년 3월)	▶ 예상배당수익률	–
▶ 예상PER	13.74배		

홈페이지: www.ea.com

디지털 인터랙티브 엔터테인먼트 회사다. 인터넷 기반 콘솔, 모바일, PC 등에서 할 수 있는 게임, 콘텐츠, 온라인 서비스 등을 제공한다. 전 세계 3억 명 정도가 EA의 게임을 하고 있다. 대표작으로는 The Sims, Madden NFL, EA SPORTS, Battlefield, Need for Speed, Dragon Age, Plants vs Zombies 등이 있다.

▶ 최근 12개월 기준 영업이익

▶ 분기별 영업이익

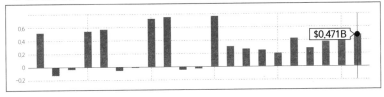

▶ 전년 동분기 대비 성장률

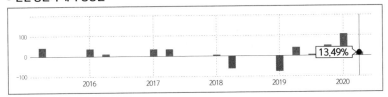

BCE BCE Inc.(BCE)

▶주가	41.86달러(41,860원)	**▶시가총액**	378억 4,100만 달러 (37조 8,410억 원)
▶예상매출	240억 캐나다달러(19조 원)	**▶영업이익률**	0%
▶부채비율	180%(2020년 3월)	**▶예상배당수익률**	5.77%
▶예상PER	18.25배		

홈페이지:www.bce.ca

캐나다의 통신 및 미디어 회사로, 무선 음성 및 데이터 통신 제품, 인터넷 접속, 인터넷 프로토콜 텔레비전, 지역 전화, 장거리 및 기타 통신 서비스, 데이터, 재판매, 전통적·전문·유료 TV 스트리밍, 디지털 미디어, 라디오 방송, 광고 서비스 등을 제공한다. 약 30개의 TV 방송국, 29개의 전문 채널, 4개의 유료 채널, 소비자가 직접 스트리밍할 수 있는 3개의 스트리밍 서비스 채널, 109개의 라디오 방송국, 웹사이트를 가지고 있다.

▶ 최근 12개월 기준 영업이익

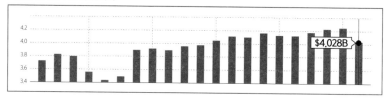

▶ 분기별 영업이익

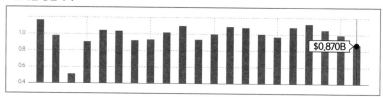

▶ 전년 동분기 대비 성장률

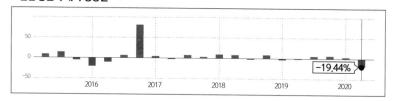

에너지

Energy

엑손 모빌 Exxon Mobil Corporation(XOM)

› 주가	42.50달러(42,500원)	**› 시가총액**	1,797억 9,300만 달러 (179조 7,930억 원)
› 예상매출	2,490억 달러(249조 원)	**› 영업이익률**	4%
› 부채비율	89%(2020년 3월)	**› 예상배당수익률**	8.19%
› 예상PER	15.95배		

홈페이지:corporate.exxonmobil.com

세계에서 가장 큰 석유화학 기업 중 하나다. 석유와 천연가스 탐사·생산·공급·운송·판매를 하고 있고 올레핀, 폴리올레핀, 아로마틱 등 다양한 석유화학 제품을 제조·판매한다. 1870년에 설립됐으며, 미국의 석유왕으로 유명한 록펠러가 만든 스탠더드 오일이 전신이다. 스탠더드 오일에서 출발한 회사 중에서 가장 크게 성장한 곳이다.

› 최근 12개월 기준 영업이익

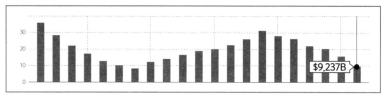

› 분기별 영업이익

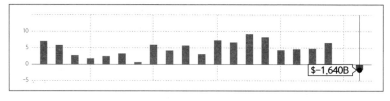

› 전년 동분기 대비 성장률

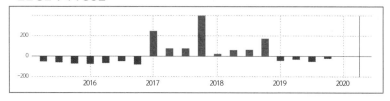

셰브런 Chevron Corporation(CVX)

▶ 주가	85.27달러(85,270원)	▶ 시가총액	1,591억 9,700만 달러 (159조 1,970억 원)
▶ 예상매출	1,350억 달러(135조 원)	▶ 영업이익률	7%
▶ 부채비율	63%(2020년 3월)	▶ 예상배당수익률	5.92%
▶ 예상PER	41.49배		

홈페이지: www.chevron.com

1800여 개 나라에서 활동하고 있는 미국의 다국적 석유 기업이다. 석유와 관련된 탐사, 판매, 기술 개발, 아스팔트 생산 등을 하는 기업이다. 석유, 천연가스, 석유화학 제품, 연료, 고무 제품이 주요 제품이다. 또한 현금 관리, 채권 금융, 보험, 부동산, 기술 사업 등도 영위하고 있다.

▶ 최근 12개월 기준 영업이익

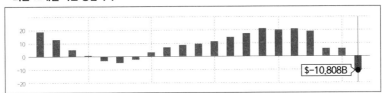

▶ 분기별 영업이익

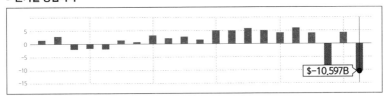

▶ 전년 동분기 대비 성장률

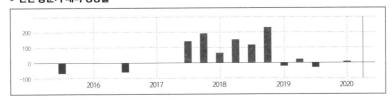

엔브리지 Enbridge Inc.(ENB)

▶ 주가	30.55달러(30,550원)	**▶ 시가총액**	618억 6,200만 달러 (61조 8,620억 원)
▶ 예상매출	500억 캐나다달러(40조 원)	**▶ 영업이익률**	0%
▶ 부채비율	136%(2020년 3월)	**▶ 예상배당수익률**	7.67%
▶ 예상PER	42.08배		

홈페이지: www.enbridge.com

캐나다의 다국적 에너지 운송회사다. 북미에서 에너지 운송, 분배, 생산에 초점을 맞추고 있다. 북미에서 생산되는 원유의 약 25%, 미국에서 소비되는 천연가스의 약 20%를 수송한다. 소비자 수 기준으로 북미에서 세 번째로 큰 천연가스 유틸리티를 운용하고 있다. 재생에너지에 초기 투자했고, 해상 풍력 관련 사업이 크게 발전 중이다.

▶ 최근 12개월 기준 영업이익

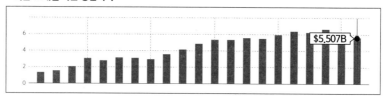

▶ 분기별 영업이익

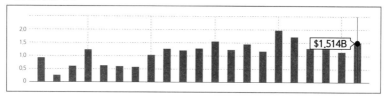

▶ 전년 동분기 대비 성장률

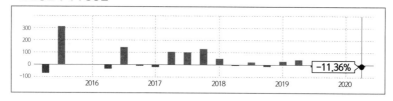

킨더 모건 Kinder Morgan, Inc.(KMI)

▶ 주가	14.50달러(14,500원)	▶ 시가총액	327억 9,200만 달러 (32조 7,920억 원)	
▶ 예상매출	130억 달러(13조 원)	▶ 영업이익률	30%	
▶ 부채비율	120%(2020년 3월)	▶ 예상배당수익률	7.04%	
▶ 예상PER	24.96배			

홈페이지: www.kindermorgan.com

북미에서 가장 큰 에너지 인프라 회사 중 하나다. 투자했거나 운영 중인 8만 3,000마일의 파이프라인과 147개의 터미널이 있다. 파이프라인으로는 천연가스, 정제된 석유 제품, 이산화탄소 등을 수송하며 터미널로는 석유, 화학, 기타 제품을 저장하고 취급한다. 특히 천연가스 파이프라인, 제품 파이프라인 분야에서 시장을 선도하고 있다. 직원은 1만 1,000명이다.

▶ 최근 12개월 기준 영업이익

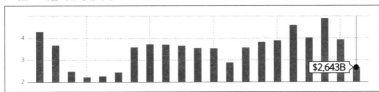

▶ 분기별 영업이익

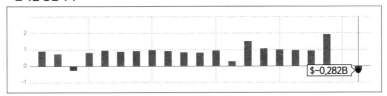

▶ 전년 동분기 대비 성장률

📊 필립스 66 Phillips 66(PSX)

▶ 주가	62.33달러(62,330원)	**▶ 시가총액**	272억 1,800만 달러 (27조 2,180억 원)
▶ 예상매출	1,050억 달러(105조 원)	**▶ 영업이익률**	4%
▶ 부채비율	126%(2020년 3월)	**▶ 예상배당수익률**	5.64%
▶ 예상PER	75.37배	**▶ 투자 대가**	워런 버핏

홈페이지: www.phillips66.com

미국의 다국적 에너지 회사로 네 가지 분야가 있다. 첫째, 미드스트림 분야에서는 원유 및 석유 제품, 천연 가스 등을 운송 및 저장하는 서비스를 제공한다. 둘째, 화학 분야에서는 에틸렌, 기타 올레핀, 아로마틱, 스타일렌 등 다양한 화학 제품을 제조 및 판매한다. 셋째, 정제 분야에서는 원유와 기타 공급 원료를 정제하여 가솔린, 증류, 항공 연료를 제조한다. 넷째, 마케팅 분야에서는 가솔린, 증류, 항공 연료 같은 정제된 석유 제품을 주로 미국이나 유럽에 재판매한다.

▶ 최근 12개월 기준 영업이익

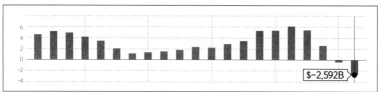

▶ 분기별 영업이익

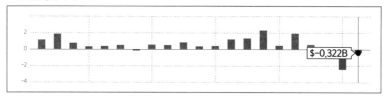

▶ 전년 동분기 대비 성장률

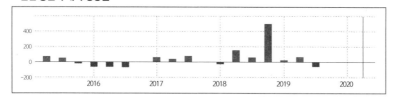

📈 발레로 에너지 Valero Energy Corporation(VLO)

▶ **주가**	54.33달러(54,330원)	▶ **시가총액**	221억 5,000만 달러 (22조 1,500억 원)
▶ **예상매출**	1,010억 달러(101조 원)	▶ **영업이익률**	1%
▶ **부채비율**	143%(2020년 3월)	▶ **예상배당수익률**	7.07%
▶ **예상PER**	52.80배		

홈페이지:www.valero.com

운송 연료, 석유화학 제품을 제조하고 마케팅한다. 미국, 캐나다, 영국에 석유 정유소 15개를 가지고 있는데, 전체적으로 하루에 약 320만 배럴을 처리할 수 있다. 또한 미국에 에탄올 공장 14곳을 운영하고 있는데, 이 14곳을 합치면 매년 17억 3,000만 갤런을 생산할 수 있다. 미국, 캐나다, 영국, 아일랜드, 중남미에 제품을 판매하고 있다.

▶ 최근 12개월 기준 영업이익

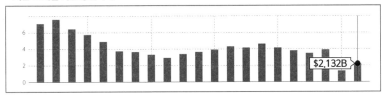

▶ 분기별 영업이익

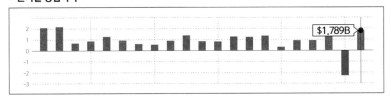

▶ 전년 동분기 대비 성장률

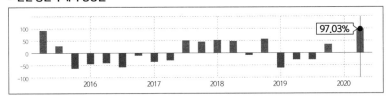

산업재

Industrials

유니온 퍼시픽 Union Pacific Corporation(UNP)

➤ 주가	177.39달러(177,390원)	➤ 시가총액	1,203억 7,100만 달러 (120조 3,700억 원)
➤ 예상매출	220억 달러(22조 원)	➤ 영업이익률	41%
➤ 부채비율	289%(2020년 3월)	➤ 예상배당수익률	2.14%
➤ 예상PER	20.62배		

홈페이지:www.up.com

미국의 대표적인 철도 지주회사이자 운송회사다. 1862년 철도회사로 출발한 회사답게 철도 운송이 주요 사업이다. 여러 철도를 인수하고 건설해서 미국 23개 주를 커버한다. 미국 (50개 주)과 캐나다에 150개의 터미널을 보유하고 트럭 운송도 하고 있다.

➤ **최근 12개월 기준 영업이익**

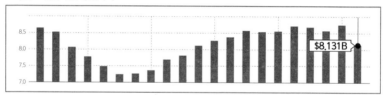

➤ **분기별 영업이익**

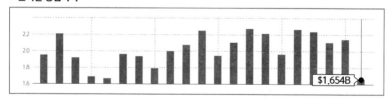

➤ **전년 동분기 대비 성장률**

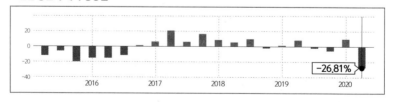

하니웰 인터내셔널 Honeywell International Inc.(HON)

▸주가	153.39달러(153,390원)	▸시가총액	1,076억 5,600만 달러 (107조 6,560억 원
▸예상매출	360억 달러(36조 원)	▸영업이익률	35%
▸부채비율	221%(2020년 3월)	▸예상배당수익률	2.32%
▸예상PER	17.63배		

홈페이지:www.honeywell.com

자동화기기, 제어기기, 전자통신 시스템 장비를 제조하는 회사다. 항공우주 관련 제품으로는 보조 동력 장치, 추진 엔진, 환경 제어 및 전력 시스템, 엔진 제어 통신 등이 있다. 건물 관련 기술 제품으로는 소프트웨어 프로그램, 센서, 제어 시스템 등이 있다. 성능 재료 및 기술 분야에서는 자동화 제어, 장비 및 컨설팅, 컴퓨터 칩 등이 있다. 안전 및 생산성 솔루션에서는 개인 보호 장비, 의류, 모바일 장치 및 소프트웨어, 맞춤형 센서, 스위치 및 제어 장치 등이 있다.

▸ 최근 12개월 기준 영업이익

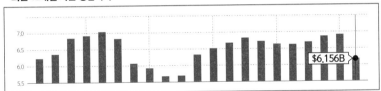

▸ 분기별 영업이익

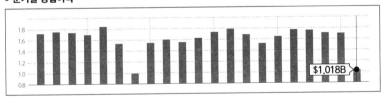

▸ 전년 동분기 대비 성장률

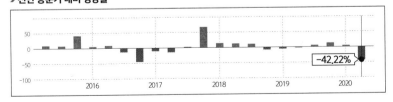

지멘스 Siemens Aktiengesellschaft(SIEGY)

▸ 주가	65.13달러(65,130원)	▸ 시가총액	1,053억 9,300만 달러 (105조 3,930억 원)
▸ 예상매출	870억 유로(113조 원)	▸ 영업이익률	0%
▸ 부채비율	227%(2020년 3월)	▸ 예상배당수익률	3.30%
▸ 예상PER	15.95배		

홈페이지:www.siemens.com

독일의 전자·전기 기업이다. 엔지니어링 회사로서는 유럽에서 가장 크다. 자동화, 인프라 및 도시, 에너지, 의료, 철도, 화재 경보 시스템 등의 분야에서 첨단 제품과 서비스를 제공한다. 190개국에 진출했고, 계열사까지 합치면 48만 명의 직원이 있다. 끊임없는 연구·개발로 혁신을 선도하고 있다.

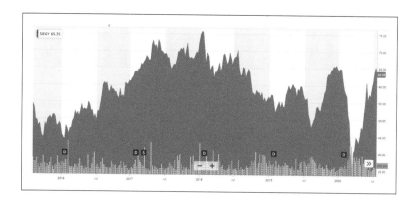

UPS United Parcel Service, Inc.(UPS)

▸ 주가	118.35달러(118,350원)	▸ 시가총액	1,020억 3,900만 달러 (102조 390억 원)
▸ 예상매출	750억 달러(75조 원)	▸ 영업이익률	7%
▸ 부채비율	1,748%(2020년 3월)	▸ 예상배당수익률	3.41%
▸ 예상PER	23.96배	▸ 투자 대가	워런 버핏

홈페이지: www.ups.com

미국의 포장물 배송 및 공급망 관리 회사다. 페덱스와 함께 택배회사의 양대 산맥이다. 교통, 무역, 물류, 금융 서비스가 발전하면서 UPS도 성장했다. 220개 이상의 국가에서 49만 5,000명의 직원이 차량, 기차, 비행기, 배로 배송 서비스를 제공하고 있다.

▸ 최근 12개월 기준 영업이익

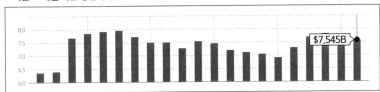

▸ 분기별 영업이익

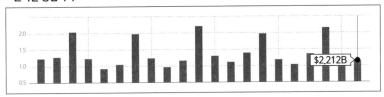

▸ 전년 동분기 대비 성장률

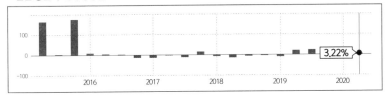

ᴧᴧᴧ 록히드 마틴 Lockheed Martin Corporation(LMT)

➤ 주가	365.53달러(365,530원)	➤ 시가총액	1,025억 700만 달러 (102조 5,070억 원)
➤ 예상매출	610억 달러(61조 원)	➤ 영업이익률	13%
➤ 부채비율	1,312%(2020년 3월)	➤ 예상배당수익률	2.61%
➤ 예상PER	16.59배		

홈페이지: www.lockheedmartin.com

항공우주, 방위, 안보 관련 일을 하는 세계 1위 방위산업체다. 1995년 록히드 코퍼레이션 (Lockheed Corporation)과 마틴 마리에타(Martin Marietta)의 합병으로 설립됐다. 첨단 기술 시스템, 연구, 개발로 각종 방위 관련 제품을 만든다. 항공기, 전투기 F 시리즈, 헬리콥터 등이 유명하다.

➤ **최근 12개월 기준 영업이익**

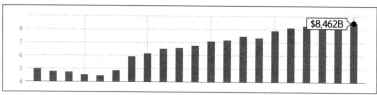

➤ **분기별 영업이익**

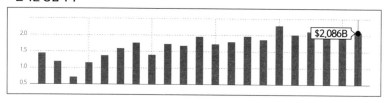

➤ **전년 동분기 대비 성장률**

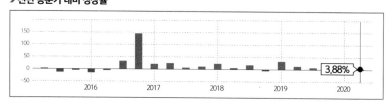

레이시온 테크놀로지스 Raytheon Technologies Corporation(RTX)

➤ 주가	61.41달러(61,410원)	➤ 시가총액	930억 4,600만 달러 (93조 460억 원)
➤ 예상매출	770억 달러(77조 원)	➤ 영업이익률	13%
➤ 부채비율	233%(2020년 3월)	➤ 예상배당수익률	3.05%
➤ 예상PER	13.13배		

홈페이지: www.rtx.com

세계에서 가장 큰 항공우주 및 방산업체 중 하나다. 2020년 유나이티드 테크놀로지스와 레이시온이 합병한 법인이다. 이 분야의 첨단 기술 제품을 연구, 개발, 제조한다. 주요 제품으로는 항공기 엔진, 항공 전자 기기, 사이버 보안 제품, 미사일, 방공 시스템, 드론 등이 있다. 군납 업체로 미국 정부로부터 받는 수입이 크다.

➤ **최근 12개월 기준 영업이익**

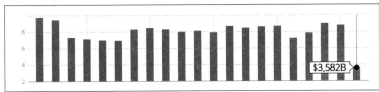

➤ **분기별 영업이익**

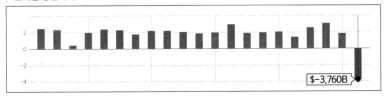

➤ **전년 동분기 대비 성장률**

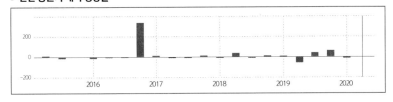

📊 3M 3M Company(MMM)

➤ **주가**	156.37달러(156,370원)	➤ **시가총액**	899억 4,300만 달러 (89조 9,430억 원)
➤ **예상매출**	320억 달러(32조 원)	➤ **영업이익률**	22%
➤ **부채비율**	353%(2020년 3월)	➤ **예상배당수익률**	3.76%
➤ **예상PER**	18.35배		

홈페이지:www.3m.com

발명을 멈추지 않는 과학 기업이라고 할 수 있다. 포스트잇부터 시작해서 우리가 일상생활에서 쓰는 수많은 제품을 개발, 생산했다. 사무용품, 의료용품, 보안 제품, 전자·전기·통신·자동차·소선 관련 제품 능 6만 5,000가지 제품을 만든다. 65개국에서 영업을 하고 있고, 전 세계 200여 국가에서 제품이 팔리고 있다.

➤ **최근 12개월 기준 영업이익**

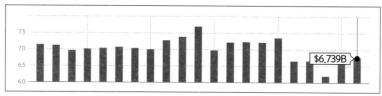

➤ **분기별 영업이익**

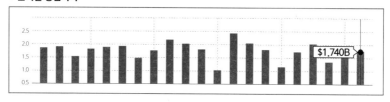

➤ **전년 동분기 대비 성장률**

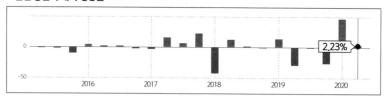

📊 캐터필러 Caterpillar Inc.(CAT)

⟩ **주가**	134.63달러(134,630원)	⟩ **시가총액**	728억 6,700만 달러 (72조 8,670억 원)
⟩ **예상매출**	510억 달러(51조 원)	⟩ **영업이익률**	15%
⟩ **부채비율**	433%(2020년 3월)	⟩ **예상배당수익률**	3.01%
⟩ **예상PER**	14.23배		

홈페이지: www.caterpillar.com

건설·채굴 장비, 디젤·천연가스 엔진, 산업용 가스 터빈을 제조 및 판매하는 회사다. 주요 제품으로는 아스팔트 포장기, 트랙터, 굴삭기 등이 있다. 제품 수명 주기 내에서 제공되는 서비스와 수십 년간 쌓인 기술력으로 업계에서 입지를 지키고 있다. 환경보호와 사회적 책임의 롤 모델이 되기 위해서 노력하고 있다.

⟩ **최근 12개월 기준 영업이익**

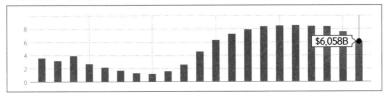

⟩ **분기별 영업이익**

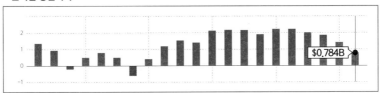

⟩ **전년 동분기 대비 성장률**

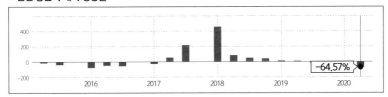

⚞ 캐나디안 내셔널 레일웨이 Canadian National Railway Company(CNI)

➤ 주가	95.84달러(95,840원)	➤ 시가총액	679억 1,500만 달러 (67조 9,150원)
➤ 예상매출	150억 캐나다달러(12조 원)	➤ 영업이익률	0%
➤ 부채비율	142%(2020년 3월)	➤ 예상배당수익률	1.76%
➤ 예상PER	16.32배		

홈페이지: www.cn.ca

2만 마일의 철도망으로 캐나다와 미국 중부를 가로지르는 캐나다 철도회사다. 연간 2,500억 달러어치의 자원, 제조 제품, 소비재를 운송한다. 또한 트럭 운송 서비스도 제공한다. 고객 참여를 녹려하고, 우수한 운영 및 서비스를 제공하는 것이 이 회사의 자랑이다.

➤ **최근 12개월 기준 영업이익**

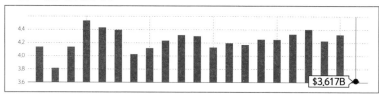

➤ **분기별 영업이익**

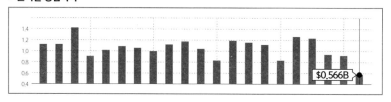

➤ **전년 동분기 대비 성장률**

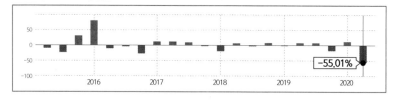

오토매틱 데이터 프로세싱 Automatic Data Processing, Inc.(ADP)

▶ 주가	147.45달러(147,450원)	▶ 시가총액	633억 7,000만 달러 (63조 3,700억 원)
▶ 예상매출	150억 달러(15조 원)	▶ 영업이익률	22%
▶ 부채비율	690%(2020년 3월)	▶ 예상배당수익률	2.47%
▶ 예상PER	25.30배		

홈페이지: www.adp.com

비즈니스 아웃소싱 솔루션을 제공하는 기업이다. 클라우드 기반 플랫폼과 인적 자원 솔루션으로 급여, 복리후생, 인재, 인사, 인력, 보험, 퇴직 관리를 해준다. 또한 세금, 수익 관리, 아웃소싱, 채용 서비스도 제공함으로써 다양한 분야에서 고객들을 도와주고 있다. 특히 인적 자본 관리 솔루션에 강점이 있다.

▶ 최근 12개월 기준 영업이익

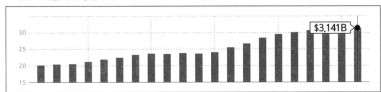

▶ 분기별 영업이익

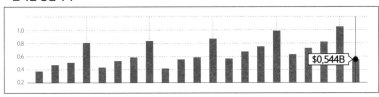

▶ 전년 동분기 대비 성장률

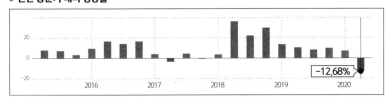

ᐞ 제너럴 일렉트릭 General Electric Company(GE)

➤ **주가**	6.87달러(6,870원)	➤ **시가총액**	600억 9,300만 달러 (60조 930억 원)
➤ **예상매출**	940억 달러(94조 원)	➤ **영업이익률**	6%
➤ **부채비율**	612%(2020년 3월)	➤ **예상배당수익률**	0.57%
➤ **예상PER**	11.59배		

홈페이지: www.ge.com

세계적인 디지털 산업 기업이다. 디지털, 전력, 신재생에너지, 오일, 가스, 에너지커넥션, 항공, 헬스케어, 철도, 조명 등 다양한 분야에 진출했다. 주요 품목으로는 가스터빈, 증기터빈, 풍력터빈, 에너지커넥션 기기, 항공기 엔진, 영상진단 의료 장비, 산업 금융, 기관차, 석유·가스 관련 장비, 소프트웨어 등이 있다.

➤ **최근 12개월 기준 영업이익**

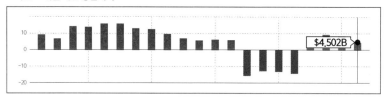

➤ **분기별 영업이익**

➤ **전년 동분기 대비 성장률**

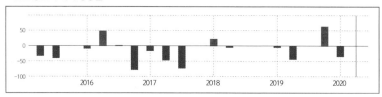

📈 일리노이 툴 웍스 Illinois Tool Works Inc.(ITW)

▸ **주가**	178.34달러(178,340원)	▸ **시가총액**	563억 4,300만 달러 (56조 3,430원)
▸ **예상매출**	140억 달러(14조 원)	▸ **영업이익률**	24%
▸ **부채비율**	519%(2020년 3월)	▸ **예상배당수익률**	2.40%
▸ **예상PER**	23.15배		

홈페이지: www.itw.com

100년이 넘은 회사로 각종 자동차 부품과 산업용 장비 및 공구 등 전문화된 산업의 소모품, 관련 서비스 사업 장비를 다양하게 만드는 글로벌 기업이다. 55개국 지역 고객과 시장에 서비스를 제공하고 있다. 4만 5,000명의 직원이 있으며, 직원 대부분이 과학적 전문지식을 갖추고 있다. 1만 8,000개의 특허를 소유하고 있다.

▸ 최근 12개월 기준 영업이익

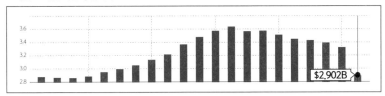

▸ 분기별 영업이익

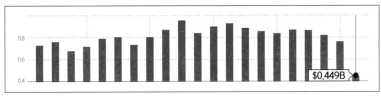

▸ 전년 동분기 대비 성장률

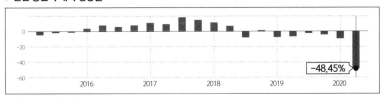

ᴹ ABB ABB Ltd(ABB)

주가	24.89달러(24,890원)	**시가총액**	526억 5,300만 달러 (52조 6,530억 원)
예상매출	270억 달러(27조 원)	**영업이익률**	9%
부채비율	300%(2020년 3월)	**예상배당수익률**	3.33%
예상PER	41.83배		

홈페이지: www.new.abb.com

사회를 변화시키고, 산업의 생산성을 높이는 선도적인 글로벌 엔지니어링 기업이다. 소프트웨어를 전기화, 로보틱스, 자동화, 모션 포트폴리오에 연결한다. 130년이 넘도록 혁신을 이끌어왔으며, 전 세계 100여 개국에 11만 명의 직원이 있다.

▸ 최근 12개월 기준 영업이익

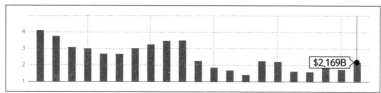

▸ 분기별 영업이익

▸ 전년 동분기 대비 성장률

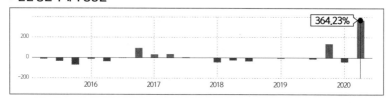

𝓜 CSX CSX Corporation(CSX)

▸ 주가	71.56달러(71,560원)	**▸ 시가총액**	547억 7,700만 달러 (54조 7,770억 원)
▸ 예상매출	120억 달러(12조 원)	**▸ 영업이익률**	42%
▸ 부채비율	227%(2020년 3월)	**▸ 예상배당수익률**	1.45%
▸ 예상PER	17.24배		

홈페이지: www.csx.com

미국 내 20개 주와 캐나다에서 철도운송 시스템을 운영하는 화물운송 업체다. 바지선, 파이프라인, 컨테이너선, 선박터미널 네트워크, 정보기술 서비스, 부동산 사업 분야 일도 하고 있다. 광범위한 지역에 분포된 직원들의 일률적인 교육을 위해 대대적인 멀티미디어 교육 방식을 활용해온 기업으로 유명하다.

▸ 최근 12개월 기준 영업이익

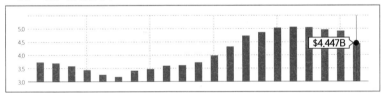

▸ 분기별 영업이익

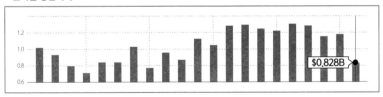

▸ 전년 동분기 대비 성장률

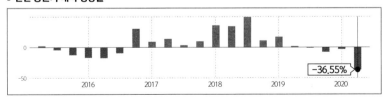

📉 아트라스 콥코 Atlas Copco AB(ATLKY

➤ **주가**	46.09달러(46,090원)	➤ **시가총액**	531억 4,200만 달러 (53조 1,420억 원)
➤ **예상매출**	1,030억 스웨덴크로나(13조 원)	➤ **영업이익률**	0%
➤ **부채비율**	115%(2020년 6월)	➤ **예상배당수익률**	1.55%
➤ **예상PER**	4.74배		

홈페이지: www.atlascopcogroup.com/en

147년 전통의 산업용 장비를 만드는 스웨덴 기업이다. 주요 제품으로는 급유식 및 무급유식 압축기와 드라이어, 중장비와 가전 산업 등 다양한 산업용 공구, 건설 현장에서 쓰이는 이동식 공기 압축기·발전기·소형 건설 장비 등이 있다. 음식 생산부터 우주여행까지, 다양한 분야에 쓰이는 깨끗하고 안전한 첨단 기술을 보유하고 있다는 자부심이 강한 회사다.

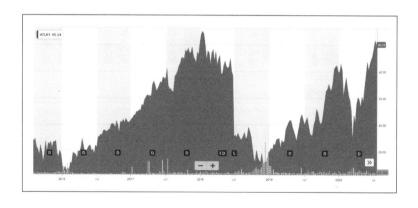

글로벌 페이먼츠 Global Payments Inc.(GPN)

▶ 주가	174.10달러(174,100원)	▶ 시가총액	520억 7,400만 달러 (52조 740억 원)
▶ 예상매출	60억 달러(6조 원)	▶ 영업이익률	20%
▶ 부채비율	59%(2019년 12월)	▶ 예상배당수익률	0.45%
▶ 예상PER	88.42배		

홈페이지:www.globalpaymentsinc.com

전 세계에 금융기술 서비스를 제공하는 기업이다. 스타트업 회사들이 금융거래를 간소화할 수 있도록 결제 소프트웨어 솔루션을 만든다. 세계적이면서도 각 나라 현지 특성에 맞는 서비스를 제공한다. 결제기술 분야에서 차별화된 모델로 오프라인 매장, 온라인, 기기, 전화에서 모두 결제가 가능하다.

▶ 최근 12개월 기준 영업이익

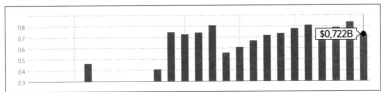

▶ 분기별 영업이익

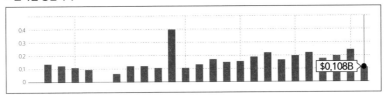

▶ 전년 동분기 대비 성장률

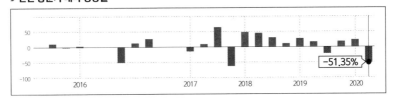

📊 노스럽 그러먼 Northrop Grumman Corporation(NOC)

▶ 주가	301.49달러(301,490원)	**▶ 시가총액**	502억 5,900만 달러 (50조 2,590억 원)
▶ 예상매출	340억 달러(34조 원)	**▶ 영업이익률**	9%
▶ 부채비율	377%(2020년 3월)	**▶ 예상배당수익률**	1.89%
▶ 예상PER	22.69배		

홈페이지: www.northropgrumman.com

우주, 항공, 국방, 사이버 공간 관련 일을 하는 회사다. 군용기, 유동·항법 장치, 전자 대응·감시 장치, 정밀군수품 등을 생산한다. 9만 명의 직원이 최고의 과학, 기술, 엔지니어링으로 최첨단 시스템, 제품, 서비스를 제공한다.

▶ 최근 12개월 기준 영업이익

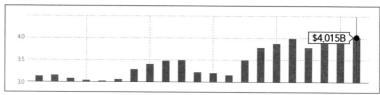

▶ 분기별 영업이익

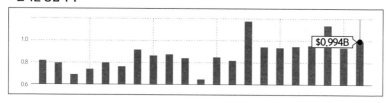

▶ 전년 동분기 대비 성장률

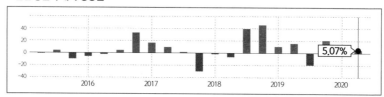

디어 앤드 컴퍼니 Deere & Company(DE)

▶ 주가	173.81달러(173,810원)	▶ 시가총액	543억 7,800만 달러 (54조 3,780억 원)
▶ 예상매출	370억 달러(37조 원)	▶ 영업이익률	10%
▶ 부채비율	552%(2020년 4월)	▶ 예상배당수익률	1.72%
▶ 예상PER	19.72배		

홈페이지: www.deere.com

농업·잔디, 건설·임업 관련 중장비를 제조하는 회사다. 장비 임대업도 하므로 금융 서비스도 제공한다고 말할 수 있다. 농업·잔디 분야에서는 대형·중형 트랙터, 스트리퍼, 분무기, 쟁기, 잔디깎이 등을 만든다. 건설·임업 분야에서는 건설, 도로, 토사, 목재 등과 관련된 장비를 제공한다.

▶ 최근 12개월 기준 영업이익

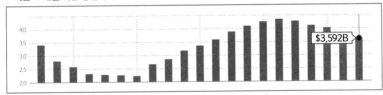

▶ 분기별 영업이익

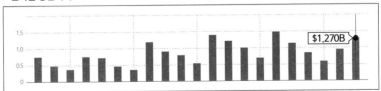

▶ 전년 동분기 대비 성장률

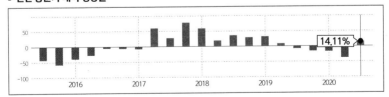

⚏ 노퍽 서던 Norfolk Southern Corporation(NSC)

➤ 주가	186.17달러(186,170원)	➤ 시가총액	476억 9,300만 달러 (47조 6,930원)
➤ 예상매출	110억 달러(11조 원)	➤ 영업이익률	37%
➤ 부채비율	152%(2020년 3월)	➤ 예상배당수익률	2.00%
➤ 예상PER	20.18배		

홈페이지: www.norfolksouthern.com

미국 내 최고 운송회사 중 하나다. 자회사인 노퍽 서던 레일웨이 컴퍼니(Norfolk Southern Railway Company)는 1만 9,500마일을 운영하고 있다. 미국 동부 모든 주요 컨테이너 항구에 서비스를 제공하는 것은 물론이고 다른 철도 운송 업체들과도 협력한다. 주요 수송물은 화학, 농업, 금속, 건설자재, 석탄, 자동차, 자동차 부품이다.

➤ **최근 12개월 기준 영업이익**

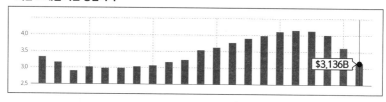

$3,136B

➤ **분기별 영업이익**

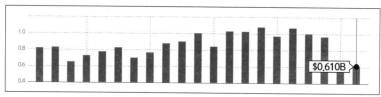

$0,610B

➤ **전년 동분기 대비 성장률**

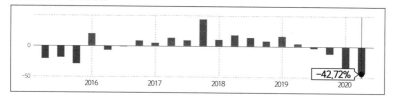

−42.72%

웨이스트 매니지먼트 Waste Management, Inc.(WM)

▶ 주가	106.57달러(106,570원)	▶ 시가총액	449억 7,500만 달러 (44조 9,750억 원)
▶ 예상매출	160억 달러(16조 원)	▶ 영업이익률	18%
▶ 부채비율	303%(2020년 3월)	▶ 예상배당수익률	2.01%
▶ 예상PER	26.98배		

홈페이지: www.wm.com

폐기물 수거, 재활용, 이동화장실, 청소 서비스 업체다. 미국 전역에 있던 소규모 폐기물 수거 업체들을 매입함으로써 미국에서 최대 폐기물 수거 회사가 됐다. 2009년에는 중국 상하이 환경 그룹 지분의 40%를 매입했다.

▶ 최근 12개월 기준 영업이익

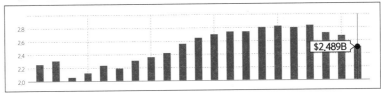

$2.489B

▶ 분기별 영업이익

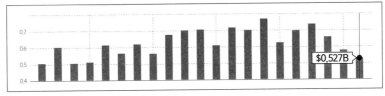

$0.527B

▶ 전년 동분기 대비 성장률

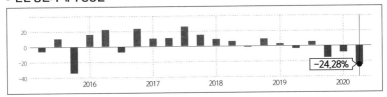

-24.28%

로퍼 테크놀로지스 Roper Technologies, Inc.(ROP)

➤ 주가	415.23달러(415,230원)	➤ 시가총액	433억 4,900만 달러 (43조 3,490억 원)
➤ 예상매출	54억 달러(5조 4,000억 원)	➤ 영업이익률	28%
➤ 부채비율	89%(2020년 3월)	➤ 예상배당수익률	0.50%
➤ 예상PER	26.68배		

홈페이지: www.ropertech.com

2015년 로퍼 인더스트리(Roper Industries, Inc)에서 현재의 사명으로 바꾸었다. 다양한 소프트웨어, 엔지니어링 제품과 솔루션을 설계하고 개발하는 회사다. 주요 아이템으로는 캠퍼스 솔루션, 정보·운송·새부 관리 빛 솔루션, 기업 관리, 정보 시스템 소프트웨어, 3D 콘텐츠 소프트웨어, 클라우드 기반 소프트웨어 솔루션, RFID 카드 리더, 데이터 분석 소프트웨어, 계량 펌프. 제어 밸브, 의료 기기 등이 있다. 세계 틈새시장에서 성공하여 100개가 넘는 국가에 다양한 제품과 솔루션을 제공한다.

➤ **최근 12개월 기준 영업이익**

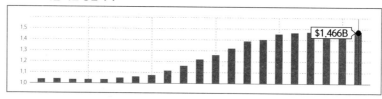

➤ **분기별 영업이익**

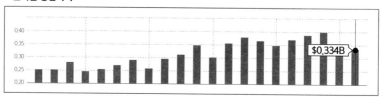

➤ **전년 동분기 대비 성장률**

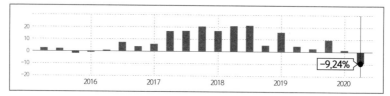

📉 페덱스 FedEx Corporation(FDX)

▸ **주가**	164.13달러(164,130원)	▸ **시가총액**	428억 7,900만 달러 (42조 8,700억 원)
▸ **예상매출**	690억 달러(69조 원)	▸ **영업이익률**	4%
▸ **부채비율**	302%(2020년 5월)	▸ **예상배당수익률**	1.57%
▸ **예상PER**	33.50배	▸ **투자 대가**	파나수스

홈페이지: www.fedex.com

미국 멤피스에 있는 운송 업체다. 직원 40만 명 이상, 지역사무소 5만 개 이상, 항공기 659 대, 차량 약 3만 대로 220개 이상의 국가에서 하루에 320만 개 이상의 화물을 신속하고 안 전하게 배달한다. 전자상거래, 기업 배송 등의 서비스뿐만 아니라 전자상거래 운송 솔루션, 통합 SCM 솔루션도 제공한다.

▸ **최근 12개월 기준 영업이익**

▸ **분기별 영업이익**

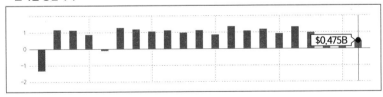

▸ **전년 동분기 대비 성장률**

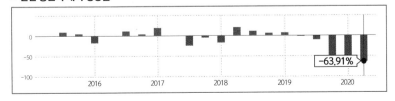

📊 에머슨 일렉트릭 Emerson Electric Co.(EMR)

▶ 주가	62.35달러(62,350원)	**▶ 시가총액**	372억 5,300만 달러 (37조 2,530억 원)
▶ 예상매출	180억 달러(18조 원)	**▶ 영업이익률**	17%
▶ 부채비율	187%(2020년 3월)	**▶ 예상배당수익률**	3.15%
▶ 예상PER	18배		

홈페이지: www.emerson.com

미국 세인트루이스에 있는 다국적 기업으로 다양한 전기·전자기기 제품을 만들고, 엔지니어링 서비스를 제공한다. 주력 분야는 플랜트 설립부터 운영까지 자동화하는 자동화 솔루션과 편안한 실내 환경 조성, 안전한 식품 관리, 에너지 효율성을 제공하는 상업 및 주거용 솔루션이다. 주요 품목으로는 계측 계기, 밸브, 조절기, 제어 및 안전 시스템, 오일 및 가스용 업스트림 애플리케이션, 전기 구성 요소 및 조명, 정밀 용착 및 세척 등이 있다. 「포천」 선정 500대 기업에 속해 있다.

▶ 최근 12개월 기준 영업이익

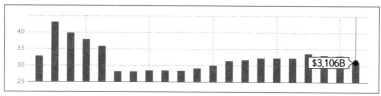

$3,106B

▶ 분기별 영업이익

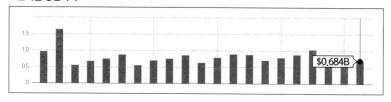

$0,684B

▶ 전년 동분기 대비 성장률

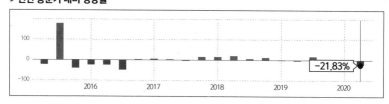

-21,83%

해외 투자를 처음 시작하는 왕초보를 위한

불곰의 미국 주식 180선

초판 1쇄 인쇄 2020년 10월 19일
초판 1쇄 발행 2020년 10월 30일

지은이 불곰 김지훈 이상언 박종관 박선목
펴낸이 김선준

책임편집 공순례
디자인 김영남
마케팅 권두리 조아란 오창록 유채원
경영관리 송현주

펴낸곳 포레스트북스 **출판등록** 2017년 9월 15일 제2017-000326호
주소 서울시 강서구 양천로 551-17 한화비즈메트로1차 1306호
전화 02) 332-5855 **팩스** 02) 332-5856
홈페이지 www.forestbooks.co.kr **이메일** forest@forestbooks.co.kr
종이 (주)월드페이퍼 **출력·인쇄·후가공·제본** (주)현문

ISBN 979-11-89584-87-0 03320

• 책값은 뒤표지에 있습니다.
• 파본은 구입하신 서점에서 교환해드립니다.
• 이 책은 저작권법에 의하여 보호를 받는 저작물이므로 무단 전재와 복제를 금합니다.
• 이 도서의 국립중앙도서관 출판예정도서목록(CIP)은 서지정보유통지원시스템 홈페이지(http://seoji.nl.go.kr)
  와 국가자료종합목록 구축시스템(http://kolis-net.nl.go.kr)에서 이용하실 수 있습니다.
  (CIP제어번호: CIP2020043345)

포레스트북스(FORESTBOOKS)는 독자 여러분의 책에 관한 아이디어와 원고 투고를 기다리고 있습니다. 책 출간을 원하시는 분은 이메일 writer@forestbooks.co.kr로 간단한 개요와 취지, 연락처 등을 보내주세요. '독자의 꿈이 이뤄지는 숲, 포레스트북스'에서 작가의 꿈을 이루세요.